Milú Christello
María Florencia Conforti

APRENDER HACIENDO

CREAmaker: una propuesta pedagógica original para mejorar la educación desde la **CREATIVIDAD**

Bonum

Christello, Milú
   Aprender haciendo : Creamaker : una propuesta pedagógica original para mejorar la educación desde la creatividad / Milú Christello ; María Florencia Conforti..

1. Educación. 2. Pedagogía. I. Conforti, María Florencia II. Título

Director del área de Educación: Julio César Labaké

Edición general: Victoria Alvarez Benuzzi
(www.contamequeloescribo.com.ar)
Diseño de interiores: Paula Álvarez
Diseño de cubierta: Natalia Siri

©Editorial Bonum, 2017.

AGRADECIMIENTOS 

A Julio César Labaké, por creer en la propuesta
y empujarnos para plasmarla en libro.

A Rubén Figueiredo, Pablo Aristizábal, Laura
Lospennato y Eduardo Fernández, por enriquecer
el contenido con sus ideas.

A Jane Nordli Jessep, por aceptar escribir el prólogo
y por sus observaciones y acompañamiento
en nuestras actividades.

Y muy especialmente, a quienes hoy son alumnos
y maestros, porque nos enseñan a entender que
es posible aprender haciendo.

DEDICATORIAS

A Fran, Lucio, Álvaro y Rita, por inspirarme, hacerme reír y animarme a vivir entusiasmada con lo que hago.

A mis papás y hermanos por tantas cosas lindas vividas.

Milú Christello

A mis papás, Viviana y Luis, y a mi hermano Adrián por alentarme día a día a cumplir mis objetivos.

A mis abuelos por su compañía y afecto.

A mi compañera de aventuras, Milú Christello.

Ma. Florencia Conforti

ÍNDICE

PARTE DOS

PARTE
uno
1

PRÓLOGO

Por Jane Nordli Jessep

*Entrenadora de cursos de Project Zero - Harvard Graduate
School of Education - Universidad de Harvard*

Cien años atrás, en 1917, una nueva escuela progresista en la ciudad de Nueva York, la Lincoln School, surgió como una voz para nuevas ideas educativas. Su propósito era "construir un currículo fundamental que fuera representativo de las actividades, intereses y posibilidades importantes de la vida moderna". Un enfoque emocionante, que, a pesar de su premisa inspiradora, no tuvo mucho impacto en el sistema educativo básico en la experiencia de la mayoría de los niños. Ahora cien años más tarde vivimos en un mundo ricamente interconectado, compartiendo ideas en todo el mundo y examinando nuevos enfoques de la enseñanza y el aprendizaje, que podrían revolucionar lo que las escuelas pueden ser, lo que los estudiantes pueden experimentar y que de hecho podría abarcar "las posibilidades de vida moderna".

Durante muchos años, los investigadores del Proyecto Zero de la Escuela de Educación de Harvard han estado investigando el pensamiento y el aprendizaje. En sus primeros días, el enfoque principal del Proyecto Zero, estaba estudiando cómo las artes impactan o influyen en la cognición. Sin embargo, a lo largo de las décadas han surgido otras áreas de investigación, como el valor de la interdisciplinariedad, cómo funciona la creatividad en un ambiente de aprendizaje, el poder de la enseñanza para comprender y hacer visible el pensamiento y el aprendizaje en el aula. Más recientemente, el fascinante Movimiento Maker inspiró un proyecto de PZ llamado *"Agency by Design"*, que culminó en un libro "Making Centered Learning" de Edward Clapp, Jennifer O. Ryan, Jessica Ross y Shari Tishman. Este trabajo también inspiró la creación de estos autores de un curso en línea para Project Zero Online, "Enseñanza y Aprendizaje en el Aula Centrada en el Hacer (Movimiento Maker)". Es un gran honor para mí ser un entrenador para este curso, que es donde conocí a Milú Christello y Ma. Florencia Conforti. Trabajamos durante 13 semanas interrogando cómo el aprendizaje centrado en el hacedor/creador podría convertirse en una fuerza poderosa en su trabajo, y también en el replanteamiento de la práctica educativa en Argentina. *Aprender Haciendo* es un trabajo críticamente importante, ya que comparten sus descubrimientos y sus esperanzas para el futuro.

Es importante señalar que la enseñanza y el aprendizaje centrados en el Movimiento Maker no se enfocan principalmente en la fabricación de objetos pequeños con grandes impresoras 3D caras, por ejemplo. Ciertamente, para algunos maestros, invitar a los estudiantes a diseñar y crear artefactos tangibles de aprendizaje puede ser parte de lo que hacen, pero hay muchas maneras de "hacer", incluyendo la creación de poesía, la creación de defensas robustas de argumentos en un curso de historia o teorías flotantes de por qué las cosas funcionan de la manera que lo hacen y luego explorar esas teorías.

Apoyar todas esas formas de "hacer" y, las aulas centradas en los creadores son lugares donde los estudiantes son capaces de nutrir un sentido de agencia personal, y desarrollar sensibilidad a las oportunidades de tomar acción, usar el buen pensamiento, sentirse fortalecidos.

Los seres humanos parecemos tener la predilección de ser fabricantes. Hay una disposición innata a usar nuestro ingenio, curiosidad, pasión e imaginación para dar sentido a nuestro mundo, para ampliar nuestro mundo. Las escuelas a menudo no acompañan esas disposiciones, y al hacerlo, privan a los estudiantes de experiencias ricas de aprendizaje. El aprendizaje centrado en el creador invita a los profesores a replantear no sólo el plan de estudios, sino también las actividades, que traen temas a la vida. Invitar a los estudiantes al proceso de diseñar proyectos interesantes y significativos, puede ser transformador. Reimaginar el papel del maestro como el poseedor último del conocimiento puede requerir una definición más fluida y un sentido de "maestro" y "estudiante". Si queremos abrazar las posibilidades de la vida moderna, es imprescindible apoyar la idea de construir de manera colaborativa nuevos conocimientos. Junto con un espíritu de colaboración, nuestros estudiantes deben ser conscientes de las maneras en que el nuevo conocimiento puede ser útil y beneficioso para otros en su mundo. Poseer la capacidad de percibir la complejidad de objetos no sólo diseñados en nuestro mundo, los sistemas del mundo natural, y los diversos problemas y desafíos en nuestras interacciones humanas, es primordial. Todos ellos forman parte de un aula centrada en el fabricante.

Estamos en un momento emocionante en la historia de la teoría y práctica educativa.

Profesores y escuelas de casi todos los países del mundo están haciendo preguntas similares y buscan soluciones a través de las fronteras. ¿Cómo pasar de un énfasis excesivo en las pruebas estandarizadas? ¿Cómo preparamos mejor a todos los estudiantes para que formen sus propias vidas, participen en un mundo cada vez más interconectado, sean responsables, sobrios y contribuyentes? ¿Cómo podrían las escuelas convertirse en laboratorios de investigación desde los primeros grados hasta los niveles secundarios, laboratorios con fuertes interacciones dentro y fuera de las paredes de la escuela? Las posibilidades son numerosas y explorar la enseñanza y el aprendizaje centrado en el creador parece una forma emocionante de rediseñar lo que podrían ser las escuelas. *Aprender Haciendo* ofrece valiosas herramientas e ideas, tanto tangibles como filosóficas, que inspirarán a los educadores en Argentina y más allá.

INTRODUCCIÓN

Cuando observamos la escuela del siglo XXI, muchas veces encontramos chicos desganados, con pesadumbre ante las responsabilidades; los vemos con la mirada en el más allá, ansiando salir al patio durante el recreo.

Esta situación nos hace reflexionar, a veces nos preocupa y, en ciertas ocasiones, nos afecta a todos los que, de una u otra manera, estamos vinculados con la educación; llegar al aula y encontrarnos con alumnos "aburridos" y "desmotivados" nos hace cuestionar nuestro rol profesional y analizar el lugar que tiene la escuela en esta sociedad y en la sociedad general.

Lo hemos conversado y analizado con nuestros colegas y equipos de trabajo en colegios, instituciones y familias en los que hemos tenido la oportunidad de desempeñarnos profesionalmente. Coincidimos en el diagnóstico y en la necesidad de "hacer algo" para adecuar la escuela a las necesidades, intereses y demandas de los chicos de hoy, nacidos con Internet de alta velocidad, entre otras cosas.

Durante nuestras charlas con docentes y directivos de escuelas, solemos preguntarnos en voz alta:

"¿Es posible convertir a la escuela en un lugar interesante, atractivo y de mayor interés para mayor cantidad de chicos? ¿Pueden los chicos aprender en las aulas cosas que les resulten interesantes y significativas? ¿Estamos preparando a los chicos para competir en el futuro? ¿El docente puede recuperar el entusiasmo propio de su vocación? ¿Es caro, o complicado, adecuar o modernizar la metodología para lograr esos objetivos? ¿Serán proyectos para elites socioculturales? ¿Se ampliará la brecha de la desigualdad social?...".

Las preguntas se multiplican, y entendemos que no podemos mirar hacia otro lado. La educación es una tarea de todos, no una responsabilidad de los gobiernos de turno. No podemos quedarnos de brazos cruzados. Sin temor a equivocarnos, es necesario repensar la escuela, sus objetivos, sus metodologías, su sentido...

En las últimas décadas, hemos presenciado cambios vertiginosos a nivel mundial. La sociedad del conocimiento modificó sustancialmente nuestra cotidianeidad: el modo de pagar, de entretenernos, de comunicarnos, de informarnos y de acceder al conocimiento, es decir, de aprender, es diferente. Y, en este punto, resulta oportuno detenernos.

Todo cambió, pero las escuelas siguen funcionando, en gran medida, **como antes de que existiera Internet.** La metodología, los programas de estudio y los roles del docente y del alumno siguen siendo los mismos que estaban vigentes en la sociedad agrícola.

Lo que nos ocupa y preocupa —y a muchos colegas y directivos de escuelas con los que hemos tenido la oportunidad de trabajar— es ese desajuste entre los objetivos de la escuela y las habilidades que exigen las empresas a la hora de contratar personal; entre los temas que incluyen los programas educativos y los asuntos que despiertan interés en los chicos; entre el ritmo del pizarrón y la tiza, y la conexión de alta velocidad...

Escribimos este libro con humildad, esperanza y optimismo. Somos muchos los que creemos que es posible mejorar la calidad de la educación en la Argentina; **el esfuerzo vale la pena**, porque está demostrado que, cuando la calidad de la educación mejora, las naciones crecen y prosperan.

Sabemos también que hay muchos caminos para empezar a transitar esa mejora continua en materia educativa. No hay una receta o fórmula mágica.

En estas páginas, desarrollaremos una propuesta pedagógica original a la que hemos denominado **CREAmaker**, la cual es fruto de nuestra experiencia profesional en la Argentina —incluyendo las voces de muchos de nuestros colegas—, y de la observación y el estudio de metodologías que han funcionado muy bien, o muy mal, en escuelas del exterior.

Se trata de dar una vuelta más al abordaje del proceso de enseñanza y aprendizaje. Un nuevo paradigma en materia de educación, donde el alumno **aprende haciendo** algo que le interesa.

Los roles del alumno y el docente cambian sustancialmente: el alumno deja de ser un actor pasivo, receptor de información, y se transforma en protagonista, responsable de la construcción de su aprendizaje, que será siempre significativo.

Para que el alumno puede generar o construir su propio conocimiento deberá desarrollar dos habilidades claves: la creatividad y la actitud emprendedora, ya que aprenderá haciendo algo.

El docente, por su parte, deja de ser transmisor de conceptos en forma unilateral y genérica para convertirse en facilitador, tutor, mediador y guía de cada alumno, poniendo el foco en las particularidades de cada niño y enriqueciendo al grupo a partir de las diferencias y las complementariedades.

CREAmaker se inspiró en el manifiesto del "movimiento *maker* o hacedor", que surgió en Estados Unidos en la década de 1970. Simplificando, estamos proponiendo adaptar el "hágalo usted mismo" a la educación.

Para aplicar esta metodología hay que convertir el aula en un ambiente entretenido, novedoso, desafiante y estimulante, que promueva y facilite el aprendizaje de cosas interesantes.

Nuestra experiencia profesional nos permite confirmar que, cuando los chicos están motivados, curiosos y entretenidos, logran aprender mejor. Y nosotros, los docentes, logramos recuperar el entusiasmo profesional al verlos motivados. Y nos deleitamos escuchando sus opiniones, ideas, sugerencias y propuestas ocurrentes...

Porque los ambientes CREAmaker son incubadoras de creatividad, innovación y actitud emprendedora; porque, cuando los chicos logran divertirse mientras aprenden, dejan de "ir a la escuela" para "querer ir a la escuela", como quien va al cine o a cualquier otro programa que los motiva.

En los capítulos de este libro, vamos a explicar en detalle las bases teóricas de CREAmaker, y los fundamentos que justifican y avalan su aplicación en las escuelas. También vamos a detallar el paso a paso para aplicar esta metodología y cuáles son los desafíos que se deben tener en cuenta para minimizar errores en el proceso.

De todos modos, veremos que CREAmaker contempla el error como parte del proceso de aprendizaje; porque el único que no se equivoca es el que no hace, y este libro es una invitación a aprender haciendo. ¡Bienvenidos!

Milú Christello
Ma. Florencia Conforti

CREATIVIDAD

Cuando hablamos de "creatividad", nos referimos a la capacidad de inventar o crear; es una habilidad innata que requiere ser desarrollada; se trata, sin dudas, de una palabra con tinte positivo.

En la actual sociedad del conocimiento, las empresas —al igual que los directivos de colegios— solicitan perfiles creativos para cubrir posiciones vacantes; es que la habilidad para crear o innovar, y la actitud emprendedora o "tendencia al hacer", son valores muy demandados a nivel profesional.

Esto nos invita a hacernos dos preguntas que se responden con una sola respuesta, ya que están vinculadas directamente. Veamos por qué.

Los docentes ¿podemos lucir y desplegar nuestra creatividad en las aulas? ¿Estamos ayudando a los alumnos a desarrollar las habilidades y las competencias que les pedirán cuando tengan que insertarse en el mundo laboral?

En la Argentina, los docentes tienen muchas alternativas para poner en práctica su creatividad; pero, una vez contratados, les piden que planifiquen el año escolar sobre la base de lo que se hizo en períodos anteriores, incorporando contenidos acordes a una edad cronológica.

La necesidad de optimizar tareas y tiempos dificulta la posibilidad de dar el espacio que nos gustaría para la innovación, la creación y el trabajo dentro del aula; se planifica el año mirando el pasado, que muchas veces es de espaldas a los desafíos del futuro.

Esta realidad repercute en la posibilidad de que la institución educativa registre o incorpore tendencias, como pueden ser las habilidades que piden las empresas que emplearán a sus alumnos el día de mañana.

¿Cómo preparar a los chicos para el futuro si estamos educando mirando el pasado? El testimonio de Magdalena (34), una madre que manda a sus hijos a una escuela tradicional de zona norte de Buenos Aires sintetiza los efectos de esta realidad.

"Cada vez que les pido a mis hijos que se suban las medias hasta la rodilla, o que se corten el pelo para que no les cubra los orejas, siento que le estoy poniendo energía a cuestiones del ayer que no tienen ninguna relevancia para el mundo moderno en el que mis hijos tienen y tendrán que moverse. Mientras las empresas más modernas, como Google, Facebook u OLX celebran y fomentan la diversidad y la flexibilidad de pensamiento, en la escuela de mis hijos, están obsesionados con la uniformidad. Todos iguales, detrás de los mismos objetivos, repitiendo lo mismo, evaluados de la misma manera...".

Cualidad innata

Los expertos coinciden en señalar que la creatividad es una cualidad humana, universal; nacemos creativos, y podemos desarrollar esa habilidad en diferentes áreas, no sólo en artes plásticas o música.

Esta aclaración es válida porque no nos han enseñado que somos creativos si resolvemos una ecuación en física de un modo diferente, o si hacemos una jugada poco habitual en hockey.

Ser creativo es poder dar soluciones diferentes a situaciones comunes; es atreverse a mirar las cosas desde otra perspectiva, cambiando el ángulo de visión para encontrar respuestas alternativas.

La creatividad se debe expresar, vivir y experimentar. Nada explica mejor el concepto que una creación. Muchas veces escuchamos que se dice: "Es muy creativo…, tiene muchas ideas". El creativo debería hacer mucho, es decir, transformar esas ideas en cosas.

Si vamos a centrarnos en cómo incentivar la creatividad desde la escuela, resulta pertinente revisar cómo funciona el proceso creativo.

Hemos decidido concentrar la mirada en los momentos claves, que se corresponden con la concepción maker o hacedora, que refuerza lo que estamos proponiendo en este libro: aprender haciendo.

Entre varios autores, y una rica bibliografía relativa al proceso creativo, nos quedamos con el español Jaime Buhigas, pintor, dramaturgo, escritor... un artista con mucho criterio y sentido del humor.

Este autor nos habla de cómo convertir una clase en un espacio creativo donde pueda aflorar el talento de cada niño; para ello, acude a una analogía muy clara entre las 3 fases de la alquimia y las del proceso creativo.

→ 1. Fase negra. La muerte. Ignorancia

Observamos la realidad con sensibilidad. Tenemos que ver algo que antes no veíamos. Necesitamos romper la rutina. El aburrimiento es un disparador para querer cambiar algo.

La monotonía nos lleva a esa muerte y nos genera deseos de cambiar, modificar, romper. En el aula, el alumno suele observar atentamente, sabiendo que no sabe, pero quiere saberlo.

→ 2. Fase blanca. La búsqueda

Vía libre a la tormenta de ideas; todas las posibilidades se pueden poner sobre la mesa. No hay miedo al error, nada está mal; estoy abierto a todo.

No existe el juicio, por eso es la fase de la locura; los locos se quedan en esta fase y no son capaces de avanzar a la siguiente.

En la escuela, el niño investiga y busca alternativas, caminos y posibilidades para resolver o solucionar.

→ *3.* **Fase roja. Concreción. Conocimiento**

Hay que concretar, materializar la idea creativa, elegir, seleccionar y hacer. Lo que se empezó, se termina. Y lo que se termina, se evalúa, se juzga. Entra en juego el juicio: me gusta lo que hice, o no me gusta.

En el proceso de aprendizaje, el alumno concreta, responde y materializa su idea. Hace. Y aprende haciendo.

Estamos cien por ciento de acuerdo en afirmar que el desarrollo de la creatividad parte de la concepción de que se aprende haciendo; y que este camino es el correcto (pero no el único) para afianzar y mejorar la calidad del proceso de aprendizaje.

Bill Gates, que no necesita presentación, fue entrevistado por Andrés Oppenheimer acerca de qué es lo que deben hacer los países latinoamericanos para estimular la innovación, hermana gemela de la capacidad de crear.

La respuesta del creador de Microsoft® se puede leer en su libro, una investigación periodística titulada ¡Basta de Historias!: "En primer lugar, ofrecer una educación de mejor calidad en las escuelas secundarias". Y continúa: "En segundo lugar, hay que mejorar la educación en las universidades".

Esta respuesta de uno de los hombres más ricos e inventivos del mundo nos abre un interrogante: **¿Por dónde se empieza?**

Desde nuestra experiencia profesional, hemos comprobado que, cuando se aprende haciendo, se aprende mejor.

También, podemos atestiguar que, cuantas más prácticas y experiencias puedan realizar los alumnos, más rico será el proceso de creación de ese conocimiento.

Mientras los chicos ensayan, prueban, se animan, intentan..., el docente-guía puede acompañar y alentar, reforzando la idea de que los errores o las ideas disparatadas no son algo "malo", sino una oportunidad para superarse y avanzar en la búsqueda.

Cuando se generan estos ambientes o climas de vía libre para el pensamiento y las ideas, los alumnos se sienten animados o estimulados para darle rienda suelta al desarrollo de la creatividad, y se fomenta el espíritu colaborativo; además, como se sienten relajados frente a la posibilidad del error, se atreven a enfrentar desafíos superiores, sabiendo que, si se equivocan, será parte del aprendizaje al que saben que arribarán.

Este proceso auspicia el desarrollo de la individualidad y de la colaboración. Las ideas son propias, pero también se construyen y se mejoran entre todos. Cada uno puede hacer su aporte personal a la construcción del conocimiento. **¿No es esto acaso calidad en educación?**

En el documento "Creatividad e Innovación a través del aprendizaje continuo", el famoso educador finlandés Pasi Sahlberg señala que el desarrollo de la creatividad se puede lograr cuando los alumnos son **forzados a cambiar sus rutinas diarias**, cuando se producen cambios en su ambiente de trabajo o cuando se los motiva a descubrir sus propios talentos; el autor destaca algunos beneficios del trabajo orientado hacia el desarrollo de la creatividad en la escuela.

- *Incremento en la motivación y autoestima
  de los alumnos.*
- *Mejoras en el rendimiento académico.*
- *Mayor apertura a nuevas ideas.*
- *Desarrollo de la capacidad de resolver problemas
  por vías alternativas.*
- *Mayor motivación para descubrir cosas nuevas.*
- *Mayor entusiasmo en trabajar colaborativamente.*

La creatividad es una habilidad ligada o vinculada con otra: la capacidad de emprender. No hay emprendedor que no sea creativo, y a la inversa.

Si se observa el detalle de los requerimientos que incluyen los responsables de recursos humanos de las empresas, se puede advertir que ambas características son altamente demandadas; las empresas quieren incorporar a gente creativa y "con tendencia al hacer", propia del perfil emprendedor.

Ken Robinson, considerado uno de los docentes más inspiradores del mundo, destaca que "es fundamental que las escuelas ayuden a desarrollar sus capacidades únicas para pensar y actuar de forma creativa".

Los analistas estiman que, en los próximos años, se incrementará la demanda de perfiles creativos y emprendedores. En este sentido, vale recordar que hay investigaciones recientes que señalan que 7 de cada 10 trabajos o carreras que existirán en los próximos años aún no se han creado.

Oppenheimer, en el libro mencionado, enciende una luz de alerta al señalar "en la UBA se gradúan 1500 psicólogos y apenas 500 ingenieros por año; un verdadero disparate".

Y agrega: "A nivel nacional, contando todas las universidades públicas y privadas del país, Argentina produce alrededor de 4600 psicólogos y apenas 146 licenciados en ciencias del suelo por año. Es un dato aterrador, considerando que el país tiene una gran cantidad de industrias petroleras y mineras que constantemente requieren nuevos geólogos".

También destaca la escasa cantidad de estudiantes de computación, siendo que es una carrera con alto nivel de demanda laboral y con excelentes salarios. Lo que nos quiere hacer ver Oppenheimer es la desconexión entre los contenidos y las habilidades que se adquieren en las universidades argentinas y los saberes que demandan las empresas que deberían absorber a los nuevos profesionales.

En la Argentina, hay prestigiosos profesionales estudiando y analizando el tema del desarrollo de la creatividad, desde diferentes ángulos. Pablo Aristizábal, Rubén Figueiredo, Eduardo Fernández y Laura Lospennato son sólo algunos de ellos. Salimos a buscarlos, los entrevistamos y compartimos a continuación sus reflexiones y coincidencias.

A crear se aprende creando

Pablo Aristizábal, profesor de la Universidad de Buenos Aires y creador de Aula365 (www.aula365.com), el mayor Ido-Tainment de Iberoamérica, expresa.

"Si decimos que somos imagen y semejanza del Señor, y decimos que Él es el Creador, entonces todos somos creadores. A cualquier niño, si le damos un lápiz y papel, seguramente

comience a dibujar; es algo que es constitutivo de lo humano, no nacimos para ser máquinas, para repetir, sino para transformar, para crear valor.

Por eso la concepción de las clases como un dictado va apagando esa llama; cuando les pregunto a mis alumnos, universitarios, con más de 25 años de educación encima, qué saben hacer... me responden 'nada'. Eso es muy fuerte, porque estamos hablando de la 'elite' que ha logrado llegar a la universidad, un 1% de la población, cuya respuesta sea que no saben hacer nada, nos hace replantear necesariamente el sentido de lo que se enseña.

Para chicos que se enfrentan a un mundo donde la generación de la riqueza está basada en el conocimiento, es más importante desarrollar sus habilidades creadoras y sus competencias digitales para que se conviertan en niños transformadores.

Pero así como a amar se aprende amando, a crear se aprende creando, los hábitos se entrenan desde el hacer, y nosotros como docentes tenemos que estimular ese creer que pueden hacerlo, para que puedan crear.

Dicen que un piloto necesita 10.000 horas de vuelo, nosotros, en lo que nos propongamos encarar, tenemos que transitar ese proceso, llegar a las 10 mil horas para que se convierta en un hábito. Hay que generar en los niños hábitos de creación, que los niños crean que pueden, logrando que crean en ellos, van a poder crear.

Para eso, hay que partir de la diferencia entre ver y mirar; que ellos se conecten con los otros, con sus problemáticas, y empiecen a detectar las 'anomalías', como el déjà vu de Matrix, como oportunidades para resolver problemas que no se habían pensado antes. Esa es una gran fuente de creatividad, mirar al mundo con ojos de asombro, no dejar que ese niño interior se apague sino, por el contrario, vivir estimulándolo a lo largo de nuestra vida".

Libertad para crear

Rubén Figueiredo, profesor de IAE Business School (Universidad Austral), describe su modo de trabajar de la siguiente manera:

"Ciertos atributos, en un contexto dado, son facilitadores o impulsores de la creatividad de las personas, una capacidad de nosotros, los humanos. Por ser natural y propia de cada sujeto, entiendo que, si se deja fluir y desenvolver a la persona, aparecerá la creatividad.

Propongo dos aspectos básicos a preservar en un ámbito que busque la expresión de la creatividad: la libertad y un ambiente amoroso y contenedor.

Dentro de un sistema que respire esas características se dará lugar a que ocurran naturales consecuencias positivas. Por ejemplo, la necesaria autonomía, la aceptación del error como parte inherente del proceso que estimule la prueba y el ensayo, el respeto en el trato".

HAY MUCHAS FORMAS DE SER CREATIVO

Eduardo Fernández, director de la Escuela Argentina de Inventores, nos acerca a la creatividad como una oportunidad para desarrollar el pensamiento inventivo, de forma natural y fluida.

"La creatividad es una oportunidad para desarrollar el pensamiento inventivo, en forma natural y fluida. Debo aclarar que, según nuestra experiencia, no existe 'una creatividad polivalente y transversal a todos los temas', sino que hay 'creatividades específicas': arte, literatura, técnica, etcétera.

En nuestro caso (Escuela Argentina de Inventores), nos enfocamos básicamente en la 'creatividad técnica': 'lo pienso, lo digo, lo dibujo y lo hago funcionar'. El criterio fundamental de validez está en función de valor práctico de un resultado creativo.

Esta creatividad se observa en la forma de resolver problemas en tiempo real, de manera original y práctica, y cuando se verifican los criterios específicos preestablecidos. Para lograrlo, se necesita respetar los intereses, los tiempos, y los talentos de cada alumno, mediante una práctica sistemática y sostenida".

EL DESAFÍO ES ACOMPAÑAR A LOS ALUMNOS EN EL PROCESO CREATIVO

Laura Lospennato, cofundadora de Ikitoi (una empresa que desarrolla juguetes didácticos para incentivar la cultura *maker* en los más chicos), disertante en la *Maker Faire* 2014 en Roma (Italia), profesora en la UBA y parte del equipo organizador de TEDxRíodelaPlata, explica lo siguiente:

"La creatividad es innata en los niños. En ese sentido, el desafío no es desarrollar la creatividad en sí misma, sino que los niños la incorporen como una herramienta para resolución de problemas.

El momento inicial de un proceso creativo implica desorden, permitirse recorrer caminos erráticos y no lineales, embarcarse en una búsqueda sin tener en claro cuál será el final del camino.

La etapa siguiente del proceso implica síntesis, conceptualización y toma de decisiones para llegar a resultados concretos.

Recorrer este tipo de procesos implica lidiar con la incertidumbre. El camino es largo y riesgoso, y no llegar nunca al final del proceso puede ser muy frustrante.

Es comprensible que sea complejo incorporar este tipo de dinámicas en el aula. El desafío allí entonces no es enseñar a los niños a ser creativos, sino acompañarlos en cómo estructurar este tipo de procesos".

Los testimonios compartidos nos abren una puerta a la esperanza, ya que coinciden en la importancia del desarrollo de la creatividad en la escuela; confiamos en que esa visión se multiplique en las aulas de la mano de los docentes.

Si eres uno de ellos, te invitamos a leer los siguientes apartados que nos pueden ayudar a identificar a alumnos o colegas creativos; a medir nuestro nivel de desarrollo de creatividad, y a aprender algunos *tips* para aumentar ese talento que muchas veces tenemos adormecido.

BAJO LA LUPA:
¿Cómo identificar a un creativo?

★ *Son poco entendidos por otros.*

★ *Se sienten insatisfechos con situaciones que observan en su entorno.*

★ *Son valientes para decir lo que piensan y para actuar. Se animan al ridículo.*

★ *Provocan enojos al cuestionar lo que la mayoría acepta.*

★ *Ven cosas que los otros no observan.*

★ *Parecen vivir a máxima velocidad.*

★ *Se fortalecen ante los obstáculos.*

★ *Avanzan aunque alrededor todo parezca estancado.*

★ *Sonríen porque sí, en forma permanente; esa actitud, muchas veces, incomoda a los demás.*

★ *No dramatizan la realidad. Toman con humor muchas de las adversidades del día a día y son capaces de ridiculizar esas situaciones.*

¿Cómo potenciar mi creatividad?

A continuación, ofrecemos algunas acciones que permitirán sacar a relucir ese talento innato que, muchas veces, está total o parcialmente adormecido.

PASO A PASO:
Guía para despertar tu creatividad

→ 1. Selfie emocional

Observa tu interior. Necesitamos ampliar la conciencia de nuestro estado de ánimo actual y deseado. Cuanto menor sea la distancia entre *cómo estoy* y *cómo me gustaría estar*, más accesible será lograr lo que me propongo, y mayor será el grado de felicidad y de plenitud.

Para medir esa brecha, pregúntate: *¿Cómo estoy? ¿Cómo me gustaría estar?*

Se empieza por analizar correctamente el momento personal actual, para sostener, ajustar o cambiar lo que consideremos necesario.

Este análisis puede abarcar diferentes facetas.

● **Área física**: peso; rostro, postura, vestimenta, modo de hablar, tono de voz, gestos...

● **Área social**: cómo me ven los demás; qué dicen de mí; qué expresión ponen cuando me ven o me escuchan hablar...

● **Área íntima**: cómo me siento conmigo mismo/a.

→ *2. Diseña los objetivos*

Es visualizar al detalle qué deseamos y qué acciones hay que encarar para materializar la meta.

→ *3. Identifica los recursos*

Revisar internamente cuáles son los recursos disponibles para alcanzar los objetivos o metas visualizadas; hacer una lista detallada de esas fortalezas y analizar cómo podemos utilizarlos a nuestro favor.

Los comentarios de terceros que puedan ayudarnos a tomar conciencia de nuestros recursos son siempre bienvenidos.

→ *4. Arma equipos positivos*

Júntate con personas listas, proactivas, que sumen.

Organiza ecosistemas para el trabajo, destaca los recursos de los demás, elogiando lo bueno, encauzando la energía para que ganen todos.

→ *5. Identifica y destierra las creencias limitantes*

¿Qué te impide cambiar o sostener este estado de ánimo? ¿Qué ideas o creencias te hacen pensar que no se puede? ¿Cuáles son las razones que justifican tu desánimo, parálisis o inacción?

Muchas veces, creemos que tenemos motivos de sobra para estar mal, pero esos argumentos sólo existen en nuestra mente. Esto es positivo, porque al advertir que no son excusas reales, podemos desterrarlas con inteligencia y voluntad.

Es necesario revisar nuestras creencias para que no entorpezcan la acción.

→ *6. Vive y disfruta hoy*

Sin prisas y sin pausas, saborea el recorrido que te acerca a la meta. Disfruta del progreso, del avance…, vive cada pequeño logro como un gran éxito y no te enrosques con el futuro, porque sólo acumularás ansiedad.

→ *7. Alinea los pensamientos con los deseos*

Nosotros construimos nuestra realidad.

"Como piensas es como eres; como piensas es como vives", nos recuerda el doctor en Psicología Wayne Dyer, autor del *best seller Tus zonas erróneas*.

Por este motivo es que vale la pena pensar en positivo hasta desarrollar un pensamiento triunfal, que construya una realidad ganadora en la mente, para luego plasmarla en la realidad.

→ *8. Busca espacios para estimular el sentido del humor*

El humor relaja y descontractura. Hay que desarrollar la capacidad de reírnos de nosotros mismos y de lo que nos sucede para desdramatizar situaciones adversas.

Ir a ver una comedia o parodia al cine o al teatro puede ser un buen recurso, pero tener un grupo de amigos divertidos con quienes reunirnos, un entrenamiento de lujo. Hay personas que son maestros en el arte de tomarse la vida con humor. Si las identificas, quédate cerca de ellas.

→ *9.* *Valora y resalta tus logros*

Hacerlo refuerza positivamente tus acciones, ya que al tener la sensación de conseguir objetivos y de estar en la línea de la mejora continua se renueva la energía y el ánimo para seguir adelante.

Identificar tus pequeños logros, reconocerlos y valorarlos es la clave para poder completar la ruta planificada hasta alcanzar la meta.

→ *10.* *Comparte más tiempo con bebés y niños*

Los chiquitos tienen la capacidad de cambiarnos positivamente de frecuencia. Siempre nos sacan una sonrisa y nos renuevan la esperanza.

→ *11.* *Sonríe y ejercita la risa*

Ya sea de modo artificial o natural, la risa es siempre beneficiosa, ya que libera endorfinas, promueve bienestar y, además, genera un impacto social positivo porque es contagiosa.

→ *12* . *Muestra* swing

Define tu propio ritmo, que te permita mostrarte impulsivo, tenaz y perseverante.

Tal vez, al principio, ese ritmo sea "artificial", pero pronto se convertirá en hábito y te moverás así naturalmente.

Las personas creativas tienen que exponer sus ideas con seguridad y firmeza.

→ *13* . *Relativiza*

Vive liviano y sé flexible; evita mostrarte aprensivo y tomarte las cosas con mucha seriedad.

→ *14* . *Reserva tiempo para ti*

Todos necesitamos nuestro momento de desconexión, dedicado a nosotros mismos. Se trata de un espacio de tiempo rico para la proactividad.

Permitirnos tener momentos de intimidad agradables refuerza y afianza nuestra seguridad emocional.

→ *15* . *Ejercita tu cuerpo*

Realizar actividades físicas repercute en el ánimo y la productividad en general. Conviene organizar nuestro día, asegurando un tiempo para la actividad física, aunque más no sea una caminata relajante.

→ *16* . *Sueña*

Tener sueños o anhelos nos mantiene entusiasmados. Cuando esos sueños se concretan, hay que renovarlos para no perder esa energía que genera el porvenir cuando es deseado.

→ *17* . *Alimenta vínculos positivos*

Hay gente que nos hace bien. Identificar quiénes son esas personas y darles un lugar en nuestra vida nos mantendrá animados y con energía.

→ *18* . *Conecta y genera empatía*

Hay muchas formas de estar; pero, entre unas y otras, hay grandes diferencias.

Para desarrollar la creatividad, se requiere una actitud atenta, conectada con el entorno, que busque generar empatía con las personas que nos rodean.

→ *19* . *Humaniza tus tareas*

No es sano buscar que todo salga perfecto, sin margen de error.

El perfeccionismo genera estrés, nerviosismo y culpa cuando no se logra ese estatus. Además, anula la creatividad.

Los creativos se animan al error sin miedo y sin culpas, porque entienden que el acierto surge del ejercicio prueba-error.

→ *20.* *Genera emociones agradables*

Reconoce los lugares, los programas, la música, los colores, los olores y las actividades que te provocan bienestar, y busca rodearte de eso.

¿Qué te inspira? ¿Qué te reconforta? ¿Un perfume, un sabor, una canción? Vale la pena esmerarse para que todo eso ocurra.

→ *21.* *Utiliza la tecnología*

Usada con destreza y equilibrio (sin sobredosis de conexión que desconecta), la tecnología es una rica fuente de inspiración, que permite afloren nuevas ideas, conexiones de conceptos y deseos de innovar en diferentes campos.

→ *22.* *Modifica los ambientes físicos*

El cambio inspira. Mover los muebles de lugar, girar el sentido del escritorio o elegir una taza de nuestro color favorito para tomar el cafecito en el recreo nos mueve ideas y pensamientos innovadores y creativos.

¿Te animas a enfrentar un desafío?

Necesitas papel y lápiz, o activar la calculadora, para ir sumando el resultado de cada respuesta (1, 2 o 3). Este ejercicio te permitirá reflexionar acerca del nivel de creatividad que le pones a tu trabajo y tu actitud en el aula.

¿Listos? ¡A responder!

Evalúa de 1 a 3 los siguientes ítems, siguiendo el criterio que se explica a continuación.

① Nunca o muy pocas veces.

② De vez en cuando, a veces...

③ Siempre, es una conducta muy frecuente.

- ◯ ¿Saludas a tus colegas al llegar y al salir?

- ◯ ¿Te suelen decir que te ven bien de cara, porque te muestras alegre, contento...?

- ◯ ¿Propones espacios de conversación con empleados de mayor y menor jerarquía?

- ◯ ¿Conoces los nombres y sobrenombres de los alumnos?

- ◯ ¿Manejas el espacio de tu clase de diferentes modos? ¿Caminas, te sientas en distintos asientos y te animas a cambiar el orden y la orientación de los escritorios?

- ◯ ¿Consideras que otros empleados de mayor y menor jerarquía te conocen? ¿Saben algo de tu vida más allá de lo profesional?

- ◯ ¿Propones actividades para realizar de distintas maneras? (individual, en parejas, armando pequeños grupos; alumnos versus docente; orales y escritas; sentados o con movimiento, parados, adentro, afuera...).

- ◯ ¿Generas comentarios positivos acerca de tu vestimenta, peinado, perfume, accesorios...?

- ◯ ¿Cuentas chistes? ¿Te hacen chistes?

- ◯ ¿Utilizas todas las paredes de la clase con láminas hechas por ti y por otros?

- ◯ ¿Mantienes conversaciones de interés general con tus colegas?

- ◯ ¿Conoces la personalidad de tus alumnos? ¿Puedes registrar un cambio de ánimo en ellos? ¿Identificas estilos y particularidades de los alumnos? ¿Puedes advertir sus fortalezas y debilidades?

- ◯ ¿Los alumnos hacen preguntas difíciles de contestar?

- ◯ Ante la diferencia de criterios con otros empleados o pares, ¿propones diferentes estrategias para arribar a un acuerdo?

- ◯ ¿Fomentas la unión del grupo de clase? ¿Convocas a todo tu curso y ofreces desafíos para que todos los superen juntos? ¿Valoras el resultado del equipo?

- ◯ ¿Sostienes un tono de voz suave?

- ◯ ¿Captas la mirada de los alumnos? ¿Despiertas curiosidad?

- ◯ ¿Compartes trabajos con colegas, antes, durante y después de la tarea?

- ◯ ¿Tus ideas, sugerencias, propuestas y preocupaciones son transmitidas correctamente a tus superiores?

- ◯ ¿Tienes diferentes aproximaciones con alumnos? Apoyas tu mano sobre su hombro; te sientas junto a ellos o propones conversaciones ajenas a la agenda curricular; como, por ejemplo, programas de televisión, deportes, salidas y paseos, accesorios de moda...

- ◯ ¿Surgen, se sostienen y se finalizan los debates en tu grupo de alumnos?

- ◯ ¿Los demás identifican tus intereses y particularidades?

- ◯ ¿Generas un vínculo más cercano con alguno de tus colegas? ¿Te invitan a sus cumpleaños o pueden hacer un programa juntos, afuera del colegio?

¿Sumaste las respuestas? Veamos los resultados.

SI OBTIENES ENTRE 72 Y 60 PUNTOS...

Felicitaciones, tu actitud es flexible, dinámica, y genera las condiciones para poder trabajar en un clima positivo, donde todos se sienten cómodos, y hay espacio para el humor y la alegría contagiosa.

Eres generador de valor. Tu actitud es muy buena y genera un plus de valor en la institución en la que te desempeñas.

SI OBTIENES ENTRE 59 Y 48 PUNTOS...

Tu actitud es correcta; pero, si te lo propones, puedes mejorar fácilmente muchos aspectos.

Es necesario recordar que tu actitud general repercute en tus alumnos. Ese impacto es un argumento válido para mejorar actitudes y dejar fluir tu creatividad en el aula.

SI OBTIENES MENOS DE 47...

Tu actitud no les facilita a los alumnos la posibilidad de expresarse, desarrollar habilidades sociales y crecer en sus aspectos emocionales.

La buena noticia es que la simple intención de mejorar tu actitud es un gran comienzo para lograrlo: puedes empezar ahora mismo a construir un clima amigable, buscando incorporar hábitos simples como los mencionados en este desafío.

Notarás que, en tu entorno, tu cambio no pasará inadvertido.

Ahora vamos a hacer juntos esta experiencia **CREAmaker**.

Debes observar las imágenes y pensar qué podría ser el líquido rojo (el que utilizamos en la actividad debe ser de color rojo) que volcamos en este vaso.

Y, si lo volcamos en este recipiente, ¿qué pensarían que es?

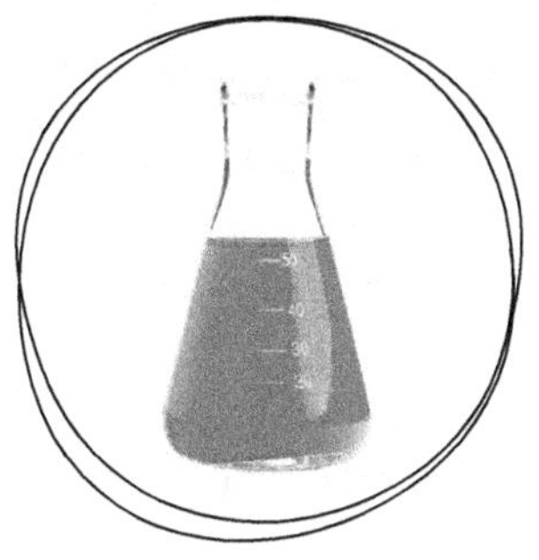

Y, si volcamos el líquido rojo en este otro recipiente, ¿qué podría ser ese líquido?

Y, si se volcara en otro plato, ¿qué pensarían que es ese líquido rojo?

Esto es la creatividad llevada a la práctica.
Hay tantas formas de desarrollarla como "recipientes".

NOS INSPIRARON...

- Jaime Buhigas
- **Andrés Oppenheimer,** *¡Basta de Historias! La obsesión latinoamericana con el pasado y las doce claves del futuro. 4.ª* edición. Buenos Aires: Debate, 2011.
- **Pasi Sahlberg**, "Creatividad e innovación a través del aprendizaje continuo"
- **Ken Robinson**
- **Pablo Aristizábal**
- **Rubén Figueiredo**
- **Eduardo Fernández**
- **Laura Lospennato**
- **Wayne Dyer**

ACTITUD EMPRENDEDORA

A partir de nuestra experiencia profesional, observamos que existe un nexo que une tres verbos: crear, hacer y aprender. Se aprende haciendo. Y la escuela es un excelente lugar para desarrollar esa habilidad o capacidad de hacer.

Hemos dicho que todos nacemos creativos, y debemos desarrollar esa habilidad en la casa y en la escuela. Bien, además de creativos, nacemos con necesidad y deseo de hacer cosas.

Esta cualidad la observamos en los niños. ¿Quién no quiso construir un robot, una nave espacial o una torta inventada? Al hacer algo concreto, sentimos enorme satisfacción; podríamos decir que estamos hechos para hacer. Lo mismo nos sucede a los adultos cuando logramos reparar algo en casa sin necesidad de recurrir al plomero, el electricista, el carpintero...

La propuesta que vamos a compartir en este libro apunta a fomentar que el alumno aprenda haciendo algo concreto, tangible; es decir, que esas ideas, fruto de la creatividad en pleno desarrollo, tomen forma, se materialicen en un objeto que nos permita reflexionar acerca de lo que aprendimos.

Ese objeto creado podrá ser un objeto acabado o un prototipo, o parte de una idea o una nueva creación.

Crear, hacer y aprender. Cada verbo coincide con las 3 etapas del proceso creativo que revisamos en el capítulo anterior.

En este apartado, vamos a focalizarnos en la **habilidad de hacer** algo.

Cuando nos propusimos generar teoría acerca de la actitud emprendedora que se necesita para poder hacer cualquier cosa (desde una torta sencilla de premezcla hasta un cohete espacial), nos encontramos con una grata sorpresa: los principios o bases del movimiento *maker* o hacedor, surgido en Estados Unidos en la década de 1970, se adaptan a la perfección a la propuesta de aprender haciendo.

Te invitamos a ver por qué. Comenzaremos por revisar de qué se trata ese movimiento o cultura hacedora.

En inglés, el verbo *make* significa "hacer", y es a través de ese término como el "movimiento *maker*" o "hacedor" encuentra su denominación.

Las características que encontramos en el "movimiento *maker*" vehiculizan el desarrollo de la creatividad y la actitud emprendedora; por ese motivo, resulta interesante revisar su origen.

Para hacerlo, nos remontamos a Jean Piaget, epistemólogo y psicólogo suizo, quien instaló la teoría del aprendizaje conocida como *"constructivismo"*, según la cual, el conocimiento no se genera por la transmisión de contenidos desde el docente al alumno, sino a través de la experiencia que cada alumno transite con los contenidos ofrecidos; el alumno deberá, entonces, atravesar, redescubrir y reconstruir su propio aprendizaje.

El *constructivismo* enfatiza la importancia de aprender desde las acciones y no sólo desde la teoría. Intentando desarrollar más aún sus fundamentos, y focalizado en el aprendizaje de la matemática, Piaget comenzó a trabajar con Seymour Papert, un matemático sudafricano, pionero en la inteligencia artificial y creador del lenguaje de programación Logo.

Papert cuestionaba el uso de la tecnología en la educación, ya que consideraba que las escuelas la utilizaban de modos poco creativos. En la década de 1970, Papert comenzó a recomendar a los docentes que utilizaran la tecnología en el aula para *hacer* distintos productos; como, por ejemplo, componer música o realizar videos.

Papert se mantuvo firme en defender la enseñanza a partir de las experiencias y las acciones, y no de los contenidos o las materias. Con estas ideas en mente, desarrolló una teoría del aprendizaje conocida como *"construccionismo"*. Esta toma parte de las ideas del *constructivismo* y destaca las actividades de confección o construcción como facilitadores del aprendizaje.

Si bien el aprendizaje sucede dentro del cerebro del alumno, esto puede favorecerse cuando existe una actividad concreta y visible fuera del pensamiento abstracto. De esta manera, encontramos en el *construccionismo* la relación con del *movimiento maker* en la educación.

En la década de 1980, comenzaron a aparecer los primeros "laboratorios *maker*", como el MIT Media Lab, en los que un conjunto de "hacedores" se reunían para trabajar sobre el desarrollo de la tecnología, el diseño y la comunicación.

Esto llevó, con el advenimiento del nuevo milenio, al desarrollo de los primeros Laboratorios de Fabricación, conocidos como *Fab Lab*, o *Fabrication Laboratory*, en los cuales se podían desarrollar y construir productos diseñados en una computadora.

En los *Fab Lab*, los usuarios **comparten las ideas, las herramientas y los recursos**, fomentando el modelo colaborativo de trabajo. Es así como comienzan a aparecer nuevos espacios de trabajo y aprendizaje colaborativo, donde no se observan docentes-alumnos, sino pares trabajando juntos detrás de un objetivo común.

Es que la cultura hacedora nos deja una lección a quienes trabajamos en las aulas: se consiguen mejores resultados en espacios creativos que fomenten el "hacer" que en las clases formales, con docentes que exigen y evalúan a sus alumnos.

Por esto alentamos el desarrollo de espacios de creación o *makerspaces* en colegios primarios y secundarios. En ellos, los chicos podrán aprender haciendo. Y ese aprendizaje será significativo para ellos, y por ende, de mejor calidad.

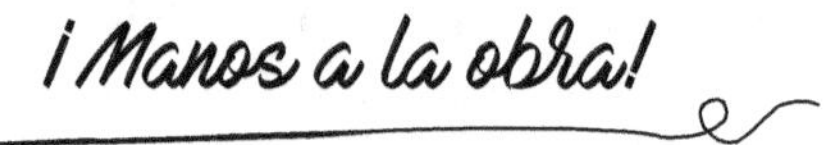

Aplicar la cultura del movimiento *maker* en la escuela no equivale a proyectos costosos o de difícil acceso; se trata de convertir cada experiencia de aprendizaje en un espacio para que los alumnos puedan crear o inventar jugando...; es brindarles a los chicos la posibilidad de trabajar entretenidos mientras investigan y preguntan lo que les interesa.

El mejor modo de activar una clase es pidiendo a los participantes que "hagan"; la responsabilidad de tener que producir algo concreto pone al alumno en un lugar privilegiado de aprendizaje donde todos los contenidos y las decisiones pasan por él. Es notoria la diferencia entre pedirle al alumno que "haga" y pedirle que "escuche" al docente, callado la boca.

Para analizarlo mejor, te invitamos a revisar el impacto positivo que tiene este movimiento hacedor en las escuelas de todo el mundo, según estudios y relevamientos de acceso público.

* *Fomenta el hábito de la experimentación y la formación continua.*
* *Enfatiza el valor de la experimentación desarrollando un modelo de aprendizaje en el cual los alumnos pueden probar, cuestionar y crear.*
* *Empodera a los alumnos cambiando su rol de consumidores por el de creadores.*
* *Valora el error como parte de la experimentación.*
* *Ayuda al desarrollo de la autoestima y les permite a los alumnos creer que son capaces de aprender a hacer todo lo que se propongan.*
* *Convierte a los alumnos en posibles agentes de cambio en su sociedad.*

Lo que queremos contagiar e impulsar es un posible cambio de paradigma en la educación; se trata de un cambio cultural; y, en este sentido, el Manifiesto Maker se adapta perfectamente al espíritu hacedor que convertiría a las escuelas en un lugar divertido para aprender con ganas. ¿Y si hacemos un mural para el aula?

1 UNO: HACER
Hacer es una capacidad fundamental del ser humano.

2 DOS: COMPARTIR
El sentimiento de plenitud de las personas-alumnos hacedores se alcanza al compartir los logros o productos con el resto de la comunidad.

3 TRES: DAR
Dar algo que hemos producido equivale a entregar una parte de nosotros mismos, y esa generosidad es virtuosa y gratificante para todos.

4 CUATRO: APRENDER
Para hacer, hay que aprender. El aprendizaje es constante y continuo durante toda la vida.

5 CINCO: JUGAR
El juego es fundamental en el arte del hacer. Permite la sorpresa y el descubrimiento. El juego, en sus múltiples facetas, desempeña un papel fundamental en todas las etapas de la vida y, especialmente, en el desarrollo físico, social, emocional e intelectual infantil.
La importancia del juego se ha reconocido en todas las culturas a lo largo de los años: se ha estudiado y validado ampliamente en las ciencias humanas y ha quedado demostrada en la práctica en escuelas progresistas de todo el mundo.

6

SEiS: PARTICIPAR
Explorar, probar y
crear acompañado de
otros hacedores hacen
que la actividad sea
más rica y fructífera.

7

SiETE: APOYAR
Si bien el Movimiento Maker
está creciendo a pasos
agigantados, es fundamental
el apoyo de los ciudadanos,
los colegios y los sistemas de
gobierno para que su desarrollo
se siga sosteniendo.

8

OCHO: CAMBIAR
De consumidores a productores.
El Movimiento Maker permite a los ciudadanos
ser agentes de cambio en su comunidad.

Estas consignas ofrecen un marco interesante para abordar el desarrollo de la creatividad y la actitud emprendedora o hacedora dentro del aula.

Si bien no agotan el tema ni son la única posibilidad de hacerlo, es justo reconocer que nos sirvieron de inspiración para armar las bases de nuestra propuesta: **CREAmaker**. ¿La razón? Responde a un manejo dinámico y flexible de temas y contenidos y lo posibilita.

Existen muchos conceptos relacionados con la cultura maker, y vale la pena conocerlos y entenderlos para poder aplicarlos a **CREAmaker**, nuestra propuesta pedagógica que describiremos en detalle en la segunda parte del libro.

Glosario Maker

ᒑ ESPACIO DE CREACIÓN *(Makerspace)*

El término comenzó a utilizarse en 2005, cuando se publicó por primera vez la revista *Make*. Define espacios públicos y accesibles donde diseñar y crear. El trabajo se realiza de forma colaborativa, y se utilizan diversos materiales y herramientas que, en algunos casos, pueden ser sofisticados y costosos (por ejemplo, impresoras 3D o máquinas para soldar) y, en otros, elementos sencillos y de fácil acceso (cartones, papeles, tijeras, envases plásticos…). Estos espacios muchas veces son utilizados por niños; y, en otros países, ya se los incluye dentro del ámbito escolar. Está demostrado que el trabajo en los *makerspaces* contribuye al desarrollo de diversas habilidades a nivel académico y social.

ᒑ ESPACIO DE CREACIÓN TECNOLÓGICA *(Hackerspace)*

Espacio compartido por un conjunto de programadores, cuyo objetivo es utilizar la tecnología con fines diferentes para los que originalmente fue diseñada. Al igual que en los *makerspaces*, el trabajo se realiza de manera colaborativa, compartiendo los materiales con otros participantes.

ᒑ LABORATORIOS DE FABRICACIÓN *(FabLab/TechShop)*

Espacios con características propias y específicas (en cuanto a medidas y distribución), en los que los hacedores pueden llevar a cabo sus proyectos.

Su principio fundamental consiste en compartir las herramientas, que muchas veces son costosas o poco accesibles.

꒰ FERIA *MAKER* Y REVISTA *MAKE*

La Feria Maker o *Maker Faire* es el festival de la cultura hacedora más grande del mundo. Reúne a parte de la comunidad emprendedora y se realiza en diversos países. La misma organización encargada de llevar a cabo la Maker Faire publica la revista *Make*, con información y proyectos relacionados con el Movimiento Maker.

★ ★ ★

Ahora, sí.

Estamos listos para cerrar esta primera parte del libro que nos permitirá entender los fundamentos y las bases teóricas de **CREAmaker**, porque estamos convencidos de que aprender haciendo es aprender mejor. ¡Mucho mejor!

NOS INSPIRÓ

- **Movimiento Maker**
- **Jean Piaget**
- **Seymour Papert**
- **Conocer gente adulta** que muestra entusiasmo en su hacer, muestran cómo desarrollan talentos personales y lo comparten de forma colaborativa de la misma manera que se instruyen a sí mismos.

- Asistir a **encuentros con personas** que desarrollan este movimiento.
- **Conocer valiosos inventos** y servicios, que niños, jóvenes y adultos crearon en ambientes *maker*, pero que hasta ahora se organizaban fuera de la escuela, del club y del trabajo.
- **Revista Wide**

Nos gusta decir que la escuela es como una preparatoria; de hecho, en algunos países latinoamericanos le llaman así al bachillerato. Y, en Estados Unidos, se denomina **escuela preparatoria** o **colegio preparatorio** (*Preparatory School y College Preparatory*) al ciclo preuniversitario; y tienen razón: en la escuela nos preparamos para afrontar desafíos de la vida adulta, como la carrera universitaria, el trabajo, la participación ciudadana y la interacción social...

Para poder responder satisfactoriamente a esas expectativas que la sociedad deposita en la escuela, los educadores debemos estar muy atentos a los sucesos y los cambios, inevitables, que se suceden como consecuencia de la evolución de la sociedad; de la puerta del aula para afuera, la única constante es el movimiento, el intercambio, el cambio.

Entonces, si se espera que la escuela funcione como "preparatoria", los alumnos deberían egresar con los conocimientos y las habilidades que se les pedirá para poder competir en la universidad y sus primeros empleos, por ejemplo.

Para lograr esa conexión, la escuela debería ser "porosa", es decir, estar abierta al intercambio más fluido con el mundo exterior.

Pero entre el ideal y el mundo real muchas veces hay un desajuste. Para saber si existe "la famosa brecha", basta con hacernos algunas pocas preguntas. ¿Qué habilidades demandan las empresas? ¿Qué habilidades se adquieren en la escuela? ¿Qué actitudes definen a una persona competitiva? ¿Qué actitudes ayudamos a desarrollar en el aula? ¿Qué dicen los autores, pensadores e influenciadores más vigentes? ¿Qué autores, pensadores o influenciadores analizamos en la escuela?

Mientras menor sea la distancia entre unas respuestas y otras, más actualizada y funcional será la escuela. Si no hay brecha, podemos hablar de calidad educativa; y, como veremos a continuación, existe una relación directamente proporcional entre la calidad de la educación de un país, y su crecimiento y prosperidad.

En el prólogo de *Basta de Historias*, el periodista Oppenheimer lo dice de un modo simple pero contundente:

"El mundo ha cambiado. Mientras en 1960 las materias primas constituían el 30 por ciento del producto bruto mundial, en la década del 2000 representaban apenas 4 por ciento de este. El grueso de la economía mundial está en el sector de servicios, que representa el 68 por ciento, y en el sector industrial, que representa el 29 por ciento, según el Banco Mundial. Y esta tendencia se acelerará cada vez más. La reciente crisis económica mundial hizo tambalear los precios de las materias primas de Sudamérica y las exportaciones de manufacturas de México y Centroamérica. Además, la crisis ha reducido el tamaño del pastel de la economía mundial, lo que deja mejor posicionados a los países más competitivos; o sea, los

que pueden producir bienes y servicios más sofisticados a mejores precios. La receta para crecer y reducir la pobreza en nuestros países ya no será solamente abrir nuevos mercados [...] sino inventar nuevos productos. Y eso sólo se logra con una mejor calidad educativa", concluye el autor.

TODO CAMBIA

Nos gustaría que nos detengamos un segundo en el concepto de cambio en las diferentes sociedades. Es importante entenderlo bien, bajando el concepto a la realidad; para hacerlo, vamos a poner la lupa sobre las diferentes sociedades que se sucedieron en los últimos tres siglos.

El objetivo es detenernos en la Sociedad del Conocimiento, como se llama a la actual, y poder repensar la escuela en relación con su entorno social-contemporáneo.

● SOCIEDAD AGRARIA ●

El hombre trabajaba la tierra, en el campo, para obtener el alimento. El trabajo era manual, y el escenario, rural. Los actores eran el dueño de la tierra (terrateniente) y el campesino o el trabajador artesanal.

El núcleo social era la familia, que generaba su riqueza explotando la tierra.

El saber estaba ligado a la habilidad para sembrar, cosechar y trabajar la tierra. Se transmitía de padres a hijos.

● SOCIEDAD INDUSTRIAL ●

Aparece la máquina de vapor-carbón, y cambia radicalmente la forma de trabajar. Se reemplaza el trabajo de personas por máquinas.

La sociedad rural se empieza a trasladar a la ciudad, donde estaban las fábricas. Surge la producción en serie, estandarizada; los turnos (partición del tiempo) que optimizan los procesos para producir más en menos tiempo.

El trabajo humano se centraba en la habilidad de repetir una función frente a la máquina, sin creatividad.

Hay inventiva en quienes crean máquinas y formas de funcionamiento.

● SOCIEDAD DE LA INFORMACIÓN ●

La irrupción de Internet marcó un antes y un después...

Hay quienes dicen que su impacto fue 10 veces mayor que el de la revolución industrial, que transformó la forma de trabajar.

La globalización se hizo presente. La materia prima es el conocimiento.

Los trabajos están vinculados con la creación y la trasmisión de información. El saber se democratiza: está al alcance de todos.

La sociedad se torna consumista. Aparece la industria del entretenimiento, los medios de comunicación masivos, y la tecnología como impulsora y aceleradora de todos los cambios.

Esta sociedad se transformó en la actual **Sociedad del Conocimiento**, en la que el saber es más importante que el tener, y donde la educación de calidad es la clave para el crecimiento de los países.

→ AQUÍ ESTAMOS

Vivimos y disfrutamos de la Sociedad del Conocimiento; en las escuelas argentinas quedan muchos rasgos de la sociedad industrial que no han sido desterrados ni superados por los cambios y las evoluciones que hemos detallado.

Algunas de esas notas "retro" son los uniformes, el timbre para iniciar o retomar actividades, la grilla de turnos, las materias disociadas unas de otras, los trimestres, la forma de evaluar, los contenidos, los materiales, las divisiones rígidas por edad o sexo...

En algunos casos, da la sensación de estar presenciando una especie de desconexión entre lo que sucede dentro del aula y lo que está pasando en el mundo globalizado. Por ese motivo, se escuchan tantas voces que hablan del "atraso" del sistema escolar, o de la necesidad de *aggiornar* la escuela, el método, los objetivos...

Tal vez, la gran materia pendiente sea ajustar las habilidades que estamos ayudando a desarrollar en los alumnos, para que estén alineadas con las demandas de las empresas y de la sociedad en su conjunto.

Vamos a hacernos la pregunta en voz alta.

¿QUÉ HABILIDADES SE NECESITAN HOY PARA SALIR A COMPETIR PREPARADOS?

El Foro Económico Mundial sostiene que existen determinadas habilidades que les serán requeridas a los alumnos del siglo XXI, las cuales están ligadas a la creatividad, y a la capacidad de comunicarse bien y de colaborar o trabajar en equipos.

En su trabajo *Future of Jobs Report*, el organismo internacional anticipa las 10 habilidades que se demandarán en 2020.

1. *Solucionar problemas complejos*

2. *Pensamiento crítico*

3. *Creatividad*

4. *Gestión de personas*

5. *Coordinación y trabajo en equipo*

6. *Inteligencia emocional*

7. *Juicio y toma de decisiones*

8. *Servicio de orientación*

9. *Negociación*

10. *Flexibilidad cognitiva*

El mismo organismo ha difundido, en el Foro de Davos 2016, un informe titulado "El Futuro de los Trabajos", en el que hace referencia a la "cuarta revolución industrial", que estará más relacionada con la robótica, las nanotecnologías, los drones y las impresoras 3D, entre otros adelantos. Se estima que **el 65% de los niños que reciben educación primaria en la actualidad tendrán trabajos que aún no se conocen**.

Dicha revolución implica el fin o el destierro de 5 millones de puestos de trabajos en países industrializados. Asimismo, se cree que habrá un considerable aumento de los empleos relacionados con Ingeniería, Matemática, Arquitectura y Computación.

Los colegios no pueden hacer oídos sordos a este estudio. La capacidad de anticipar y preparar a nuestros alumnos para los futuros requerimientos es el eje de la discusión. La opción sería: ¿los preparamos para mañana o los preparamos para ayer?

Con esa pregunta abierta, coincidimos en la necesidad de repensar la escuela. Resulta ineludible realizar cambios y ajustes en la metodología de enseñanza actual. El **desarrollo de talentos debe ser puesto en el centro de la escena**, lo que conllevará un inevitable cambio de paradigma en el pensamiento de los docentes, las instituciones, las empresas y los gobiernos.

Los chicos no pueden egresar de la escuela sin saber hacer nada. No se puede permitir semejante barbaridad. El informe que estamos comentando destaca la necesidad de repensar el sistema educativo, haciendo foco en el desarrollo de un nuevo currículum más alineado con las características y las necesidades del siglo XXI; se debe incentivar el aprendizaje de habilidades para la vida por sobre el aprendizaje de contenidos relacionados con áreas o materias específicas, dice.

Uno de los indicadores de crecimiento económico está relacionado con la cantidad de patentes de nuevos productos que un país ha desarrollado. La invención es hermana gemela de la creatividad. Por lo que nos lleva a concluir que el desarrollo de la creatividad en los alumnos de todos los niveles de enseñanza es y será de vital importancia para el crecimiento de los países.

Por ese motivo, **CREAmaker** pone el foco en ayudar a los alumnos a desarrollar la creatividad y la actitud emprendedora. E invita a tomar conciencia acerca del valor de las ideas, que son las grandes generadoras de riqueza en nuestra sociedad; y que serán siempre más ricas cuando se trabajan en forma interdisciplinaria y colaborativa.

En este punto, vale una aclaración: podemos observar que ese conocimiento compartido no va a pertenecer a un país específico. Los equipos de trabajo de las empresas o proyectos más disruptivos de los últimos años trabajan con equipos multiculturales, que viven en diferentes lugares del mundo. Basta observar la dinámica de Facebook, Google, Uber, Airbnb para bajar a la realidad esto que estamos comentando.

La buena noticia es que trabajar así es mucho más fácil y simple de lo que era hacerlo en otras sociedades. Y esto es así gracias a la tecnología, que nos abre un universo de posibilidades infinitas para poder trabajar en red con equipos físicamente dispersos por el mundo.

Antes de avanzar con la presentación formal de **CREAmaker**, nos gustaría compartir con ustedes algunas estadísticas que nos ayudarán a abrir bien los ojos y dejar de repetir mitos. ¿De dónde sacamos que las universidades argentinas están entre las mejores del mundo? La realidad es que es lo único que cuenta, y no figuran en ningún *ranking*.

Oppenheimer comenta que, en el suplemento de educación del *The Times* de Londres, que publica un *ranking* internacional de las 200 mejores universidades del mundo, incluye una sola universidad latinoamericana en las últimas posiciones (UNAM, de México, en el puesto 190).

Para evitar tendencias, el autor comparte también los resultados del *ranking* elaborado por la Universidad Jiao Tong de Shanghai (China). En los primeros 150 lugares, no hay universidades latinoamericanas. Aparece la UBA (Buenos Aires, Argentina), en el puesto 152, y la UNAM (México), en el puesto 200.

Y eso no es todo. "En la Universidad de Buenos Aires, la principal universidad estatal de la Argentina, hay 29.000 estudiantes de Psicología y 8.000 de Ingeniería. Es decir, los contribuyentes argentinos están pagando con sus impuestos la educación gratuita de tres terapeutas para curarle el coco a cada ingeniero. Lo mismo ocurre con otros campos: la UBA tiene 3.000 estudiantes de filosofía, contra 1.140 de física, o casi tres filósofos por cada físico, y 3.200 estudiantes de historia contra 1.088 de química, o sea tres historiadores por cada químico".

Según detalla, el fenómeno se repite en la UNAM de México: "Los contribuyentes mexicanos están subvencionando los estudios de más jóvenes dedicados a estudiar el pasado que a cursar muchas de las carreras que incentivan las innovaciones del futuro", agrega. Y finaliza su análisis diciendo: "Cuesta creerlo, pero países relativamente jóvenes como México y Argentina tienen porcentajes mucho más altos de jóvenes estudiando historia y filosofía que países como China, que tienen una historia milenaria y filósofos como Confucio que han revolucionado el pensamiento universal".

Como parte de su investigación, el autor viajó a China e India para interiorizarse acerca del funcionamiento de sus centros de educación. Le llamaba la atención el crecimiento sostenido de la calidad de las universidades en ese destino. "En la mayoría de los casos los países asiáticos están privilegiando los estudios de ingeniería y las ciencias, limitando el acceso a las facultades de humanidades a los alumnos que obtienen las mejores calificaciones para entrar en las mismas", concluyó.

Otro gran abismo entre las universidades asiáticas y las latinoamericanas es la inversión en investigación y desarrollo. Según el reporte que estamos comentado, sólo el 2% de la inversión mundial en investigación y desarrollo tiene lugar en los países latinoamericanos y caribeños (el 62% de ese magro total corresponde a Brasil). En cambio, el 28% tiene lugar en países asiáticos; el 30%, en Europa, y el 39% en Estados Unidos.

En total, China invierte el equivalente a 1,4% de su producto interno bruto en investigación y desarrollo, contra el 0,9% de Brasil y el 0,6% de Argentina.

"China, al igual que el resto de los países asiáticos, está mirando hacia adelante, con una visión de largo plazo, mientras que muchos países latinoamericanos están mirando hacia atrás".

Se trata de la actitud. Los chinos tienen altos niveles de pobreza; pero, en las últimas décadas, han logrado sacar a miles de esa situación. Es decir, la mejora en la educación acompañó un proceso de reducción de la pobreza en China.

Otro caso sorprendente es Corea del Sur. "No es casual que haya pasado de la pobreza a una sorprendente prosperidad en las últimas décadas. Los coreanos le han apostado de lleno a la educación y han elevado su nivel de vida a un ritmo vertiginoso", señala el autor, quien comparte las siguientes cifras: en 1965, el PBI per cápita de Argentina era más de 10 veces mayor que el de Corea del Sur; el de Venezuela, también 10 veces mayor, y el de México, 5 veces mayor que el del país asiático. "Hoy los términos se han invertido", dice.

Y detalla: Corea del Sur tiene un producto bruto interno per cápita de 27.000 dólares por año, casi el doble que el de México (14.300) y Argentina (14.200), y el doble que el de Venezuela (13.500). "Los caminos se bifurcaron: los países latinoamericanos se dedicaron a vender materias primas, como el petróleo o los productos agrícolas. Corea del Sur, al igual que años después lo harían China e India, se dedicó a invertir en la educación de su gente para crear productos cada vez más sofisticados y venderlos en los mercados más grandes del mundo", destaca Oppenheimer.

Como resultado, agrega, mientras Corea del Sur registra 7.500 patentes por año en los Estados Unidos, Brasil es el que más registra en la región, con apenas 100 patentes al año. ¿Argentina? Sólo 30 por año.

El periodista entrevistó a Bill Gates durante un programa de televisión; aprovechó los intervalos para preguntarle qué deberían hacer los países de Latinoamérica para estimular la innovación y, con ello, el crecimiento.

El fundador de Microsoft le dio dos consejos: 1) mejorar la calidad de las escuelas secundarias; 2) mejorar la calidad de la educación en las universidades, y eso requiere ser muy selectivos. Es decir, definir qué carreras pueden darse de un modo sobresaliente, ya que no es posible destacarse en todas las áreas.

Para cerrar, es interesante una de las conclusiones del autor. Entendió que los países que más han crecido económicamente, lo han hecho de la mano de una mejora en la calidad de la educación.

Y esa mejora en la calidad de sus escuelas estuvo impulsada por una virtud: la humidad. Los países asiáticos están haciendo las cosas muy bien, pero creen que pueden aprender a hacerlas mejor. Esa actitud es la que los mantiene en el carril del crecimiento y la mejora continua.

NOS INSPIRARON...

- **Andrés Oppenheimer**
- **Foro Económico Mundial**. *El futuro de los trabajos*, Davos, 2016.

PARTE dos

2

CREAMAKER

Entendemos que los educadores podemos y debemos activar nuestra creatividad y capacidad de hacer para proponer ideas que permitan mejorar la calidad de la educación en la Argentina.

Nosotras hemos diseñado una propuesta pedagógica original, a la que denominamos **CREAmaker**. Como indica su nombre, combina dos conceptos que queremos impulsar desde el aula: la habilidad de crear o inventar, y la actitud emprendedora que se traduce en aprender haciendo algo concreto. Crear y hacer, la síntesis de las habilidades más demandadas en la actual Sociedad del Conocimiento.

Como en cualquier aprendizaje, mientras antes se estimule, más rápido se incorpora. Entendemos que hasta los 12 años la creatividad está en su mejor momento para ser estimulada. Por eso, consideramos que la escuela es un lugar ideal para desarrollar esa habilidad durante el nivel inicial y primario.

Tanto el ambiente de trabajo, como las actividades y la forma de presentarlas, deben cumplir con algunas características estandarizadas:

→ **Presentamos "desafíos".** Las actividades **CREAmaker** se presentan como un "desafío" para atraer el interés y el entusiasmo propio del juego. Son como la versión lúdica de "consigna de trabajo", o la versión positiva de "resolvamos un problema". Susana Maurín (2013) lo dice de un modo simple y brillante: "Los problemas preocupan, y los desafíos ocupan".

Creemos que la invitación a "jugar" logra captar el entusiasmo, la curiosidad y el interés por hacer y resolver; también se le puede llamar "reto" para activar la creatividad y el ingenio personal en la búsqueda de respuestas alternativas y ocurrentes.

Para lograr un mayor impacto, la invitación a participar del desafío debe ser clara, simple y de resolución abierta, con el fin de facilitar el despliegue de destrezas y talentos particulares. El objetivo es fomentar la heterogeneidad y el aprendizaje significativo, respetando el ritmo de cada uno.

Esta pequeña-gran variable en el modo de presentar la actividad nos coloca en el terreno del aprendizaje accesible, que incentiva y motiva la creación, la innovación y la valentía para realizar cambios y sugerir modificaciones sin temor a equivocarse.

Al final de la actividad, los productos realizados o las respuestas obtenidas serán variados, reflejando el estilo de cada uno de los autores.

→ **Activar estímulos multisensoriales.** Toda la información que los alumnos reciben dentro de la sala es percibida por sus cinco sentidos; la propuesta debe ser multisensorial: en la medida de lo posible, el desafío debe estimular oído, vista, tacto, gusto y olfato.

→ **Actividades significativas para el alumno.** Cuando la propuesta presentada resulta estimulante e importante se produce inmediatamente una reacción química que estimula el aprendizaje y hace que la información trabajada sea memorable.

→ **Centrar al alumno como protagonista.** El niño asume un rol activo y central en la construcción de su experiencia de aprendizaje; el docente es tutor, guía y acompañante, en un segundo plano. El principal reto del docente es poder presentar el desafío de un modo claro, estimulante y atractivo.

→ **Espacio flexible.** El espacio físico debe ser cálido, buscando que el niño se sienta cómodo. La flexibilidad debe estar maximizada (movemos sillas; nos sentamos en el piso; trabajamos parados…).

→ **Ambiente positivo.** El docente debe generar un ambiente desafiante, entretenido, donde todos puedan expresar, identificar, ampliar y desarrollar sus emociones. De este modo, se favorece la capacidad del cerebro para aprender y explotar el potencial de cada niño a través del desarrollo de talentos.

En los espacios **CREAmaker**, se promueve la planificación, la observación, la atención, el trabajo, el esfuerzo y el espíritu colaborativo, para compartir con los demás los productos creados o las ideas generadas durante la actividad.

El docente puede facilitar la conexión entre las nuevas ideas de manera lúdica, sabiendo que la innovación es el resultado de una secuencia de creatividad combinada con la dinámica de prueba-error.

→ **Modalidad de agrupación.** Podemos optar por tres variables: individual; en parejas, o en pequeños grupos.

Modificar la modalidad con frecuencia permite que los chicos ejerciten distintas competencias (personales; de cooperación entre iguales; inclusivas).

Además de entrenar en el respecto y el espíritu colaborativo, trabajar en grupos permite desarrollar y pulir las habilidades sociales y emocionales, como las de aprender a escuchar, a hablar bien; a respetar la idea que no me gusta; a sugerir cambios con buenos modales; a decir lo que pienso, lo que no me gusta; a sostener una idea, o a elogiar.

→ **Evaluaciones personalizadas.** En los espacios **CREA-maker**, las evaluaciones se realizan "haciendo" la actividad; estas son formativas y personalizadas; se construyen en interacción con el participante del desafío y no son registradas por los alumnos como una "prueba".

→ **Invitación respetuosa.** Los desafíos se presentan, y aceptamos que haya algún participante que no quiera responder ni trabajar. Pedimos que observe, que tome nota de lo que va ocurriendo. Confiamos que también puede ofrecer otra mirada. Cabe mencionar que la mayoría de las personas que dicen no querer en un primer momento, cambian de opinión al ver el entusiasmo y la dedicación de sus compañeros en sus producciones; se contagian y piden permiso para participar.

Estas ideas compartidas no son recetas mágicas ni rígidas. Humildemente, explicamos y fundamentamos las características que creemos deben tener las actividades **CREAmaker**, y compartimos ejemplos de actividades ya ensayadas en espacios **CREAmaker**.

Luego, cada docente aplicará su criterio, ingenio e inventiva para que la propuesta se adapte mejor a las particularidades de su grupo.

Recordemos que las palabras quedan, pero el ejemplo arrastra: si el docente es creativo y demuestra tendencia al hacer, el niño se sentirá invitado a hacer lo mismo.

NOS INSPIRÓ...

- Susana Maurin, 2013.

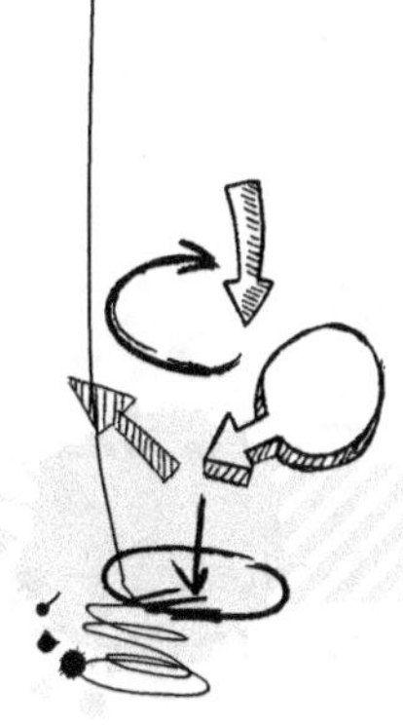

RED CONCEPTUAL

Existen diferentes conceptos y teorías que se relacionan con **CREAmaker** en forma directa.

La propuesta no hubiera podido estructurarse sin tener en cuenta la importancia de la educación en las emociones, la autonomía, el emprendedorismo, el juego, la inventiva y la innovación, entre otros tantos temas que vamos a revisar en este apartado.

Todos los conceptos que se expondrán a continuación han sido seleccionados con un criterio: le dan intencionalidad pedagógica a **CREAmaker**.

En este sentido, resulta oportuno reiterar que los docentes deberían aplicar este método de aprendizaje en el aula, es decir, mientras desarrollan contenidos curriculares.

Para lograrlo, cada profesional podrá hacer los ajustes y las adaptaciones que considere necesarios.

La creatividad y la flexibilidad deben acompañar este proceso. Se trata de avanzar en una forma alternativa de aprender los contenidos curriculares, más divertida e interesante para el alumno; por lo tanto, más efectiva, y gratificante para el docente.

Educación emocional

Hoy es común leer y escuchar hablar acerca de la importancia de la educación en las emociones para el desarrollo integral de las personas.

Sin embargo, resulta complejo sistematizar un proceso sostenido de desarrollo emocional en la escuela, básicamente porque no se le dedica tiempo.

Esto nos invita a hacernos una pregunta. Si entendemos que es importante, ¿no podemos hacerle un lugar en la agenda de actividades escolares? Hay muchas acciones que se pueden implementar sin modificar grillas de horarios.

Veamos un ejemplo: todos los días, los chicos escriben la fecha y el clima, dibujando soles, nubes, gotas de lluvia o rayos de tormenta. Hablamos más de "lo que pasa" que de "lo que nos pasa". Es sencillo pedirles a los alumnos que, al colocar la fecha del día, la acompañen con un emoticón que comunique el ánimo del día.

Ese dibujito simple permitiría al niño expresar y brindar detalles acerca de su alegría, tristeza, bronca, enojo, aburrimiento..., y poder conversar respecto de eso con algún adulto.

"La educación emocional pretende dar respuesta a un conjunto de necesidades sociales que no quedan suficientemente atendidas en la educación formal", explica Rafael Bisquerra, una eminencia en la materia.

En sus escritos, el autor señala que se trata de un "proceso educativo, continuo y permanente, que pretende potenciar el desarrollo emocional como complemento indispensable del desarrollo cognitivo, constituyendo ambos los elementos esenciales del desarrollo de la personalidad integral. Para ello, se propone el desarrollo de conocimientos y habilidades sobre las emociones con objeto de capacitar al individuo para afrontar mejor los retos que se plantean en la vida cotidiana. Todo ello tiene como finalidad aumentar el bienestar personal y social".

Bisquerra considera necesario formalizar la educación en emociones con materias curriculares, docentes capacitados para poder estar al frente del aula y métodos para evaluar los resultados.

Entre los argumentos que hacen prioritaria la inclusión formal de estos conocimientos, se encuentran las conductas de riesgo que se observan en grupos de adolescentes y jóvenes que, al tener baja autoestima (un desequilibrio emocional grave) se ven afectados por problemas de violencia, estrés, depresión, anorexia, consumo de drogas...

¿De qué tratan esas competencias sociales? Hay 5 básicas, de las que se desprenden unas cuantas más. Las define así:

→ **1. Conciencia emocional.** Es la capacidad de reconocer nuestras propias emociones y las de los demás. Permite, además, poder percibir el clima emocional del contexto (casa, aula, reunión social, oficina...).

Juana (12) estaba muy ansiosa por una futura mudanza de la familia a otro barrio, lo que implicaba el cambio de colegio. Conversando con ella para tratar de calmar esa supues-

ta ansiedad, descubrimos que su emoción era el miedo a no ser aceptada por las chicas del colegio nuevo. Al tomar conciencia de su emoción, la pudimos encauzar con naturalidad.

→ **2. Regulación emocional o autorregulación de las emociones.** La regulación emocional es la capacidad para manejar las emociones de forma apropiada. Supone tomar conciencia de la relación entre emoción, cognición y comportamiento; tener buenas estrategias de afrontamiento; capacidad para autogenerarse emociones positivas, etcétera.

Recuerdo a una compañera del colegio que, cuando pasaba al frente a dar lección, se ponía furiosa, colorada, pataleaba y golpeaba una regla de madera contra el piso ante la mirada atónita del docente y sus pares. Claramente, no sabía cómo regular su emoción. Y esa carencia la ponía en una situación ridícula y bochornosa.

→ **3. Autonomía emocional.** Un concepto amplio que incluye un conjunto de características y elementos relacionados con la autogestión personal, entre las que se encuentran la autoestima, actitud positiva ante la vida, responsabilidad, habilidad para analizar críticamente las normas sociales, capacidad para buscar ayuda y recursos, así como la autoeficacia emocional.

Las personas con autonomía emocional no se sienten mal ante la crítica de terceros, por ejemplo. Son menos vulnerables a la opinión y la mirada de otros. En grupos de hermanos, es una de las grandes diferencias a observar. Suele haber algunos con autonomía emocional y otros más vulnerables e inseguros.

→ *4*. **Competencia social.** Es la capacidad para mantener buenas relaciones con otras personas. Esto implica dominar las habilidades sociales básicas; tener destreza para la comunicación efectiva; respeto, actitudes sociales, asertividad, etcétera.

Milagros (9) siempre dice las palabras justas, tranquilizadoras, agradables. Es una niña empática, con una tremenda competencia social desarrollada.

→ *5*. **Competencia para la vida y el bienestar.** Es la capacidad de adoptar comportamientos apropiados y responsables para afrontar satisfactoriamente los desafíos diarios de la vida, ya sean personales, profesionales, familiares, sociales, de tiempo libre, etcétera. Las competencias para la vida permiten organizar nuestra vida de forma sana y equilibrada, dejando espacio para el bienestar y la satisfacción personal.

Muchas veces, los adultos, los educadores o los padres de familia no logramos ese equilibrio entre la vida laboral y la personal. Quedamos enredados en una trama de exigencias que nos supera y pone de manifiesto la falta de desarrollo de las competencias para la vida y el bienestar.

CREAmaker incluye la educación en las emociones en el ámbito escolar.

Al hacerlo, permite potenciar la inteligencia emocional en los alumnos, quienes desarrollan la capacidad de escuchar cómo se sienten, qué les interesa, qué les preocupa...

La propuesta no es compatible con el docente en el centro de la escena, como "autoridad única", que puede distribuir conocimiento y castigo, trabajar con la repetición y la rigurosidad sin sentido; con el docente que habla solo y pide silencio, y bloquea así cualquier opinión o comentario que pueda surgir en la clase; con el docente que genera temor, amenazando con pruebas...

La educación emocional en el colegio se puede dar a través de propuestas desestructuradas y aparentemente sencillas; podemos observar cómo afloran los recursos emocionales propios de cada chico mientras se ocupa de resolver la actividad con autonomía.

Recordamos el caso de Tazio, un niño movedizo, inteligente y con mucha movilidad dentro del aula, quien sólo con una perilla de sintonizador "creó un dispositivo" que permitía graduar la energía en los niños. Tazio sostuvo que "sería buenísimo que todos lo tuviéramos para graduar la energía que necesitamos en cada momento".

Conocíamos al niño y sabíamos que algunas cuestiones de su hiperactividad lo incomodaban; fue muy valioso que pueda reconocerlo con tanta naturalidad, en medio de una actividad lúdica.

Sofía, en una actividad en la cual inventábamos "nuevos animales", empezó a interesarse por la salud física de los animales, por su aspecto y, sobre todo, cómo podrían ser saludables. Entonces, le preguntamos por qué estaba tan interesada en eso, ya que no conocíamos este interés. Riéndose, Sofía respondió que ella tampoco lo conocía.

Se trata de un caso muy rico, porque la actividad le permitió al protagonista avanzar en el autoconocimiento, al tomar conciencia de nuevos intereses.

Al aplicar actividades **CREAmaker**, buscamos objetivos similares a los que se persiguen cuando se imparte educación emocional. Veamos:

★ **Reconocer y encauzar las emociones.** Ofrecemos un ambiente de apoyo, orden y supervisión. Al estar cerca del alumno, podemos intervenir de forma inmediata, directa y focalizada en cada individuo, atentos a sus expresiones para modelar gestos, posturas, frases y silencios.

★ **Conocer y practicar técnicas** personales, tales como la autorregulación, la concentración, la comunicación asertiva y el autocontrol.

En **CREAmaker**, dependiendo de la edad, vamos introduciendo el perfeccionamiento de habilidades sociales y emocionales.

Recordamos a Marcos (12), quien, preocupado por una compañera que se angustió y enojó por no encontrar el material que ella quería utilizar, le ofreció diferentes alternativas.

Marcos intentó calmarla, le dio otras posibilidades de materiales, modeló para que respirara más suave: buscaba su mirada, se acercaba al oído y le susurraba, apoyaba su mano en el hombro y con la otra realizaba movimientos circulares lentos mientras gesticulaba para imitar respiraciones lentas... Él intentaba tranquilizarla pero no lograba mejorar la situación.

De repente, se detuvo en un lugar y le dijo en voz alta: "El problema que tenemos ahora es mucho peor porque debes contro-

lar tu enojo de alguna manera, mientras seguimos perdiendo oportunidades para encontrar algún material alternativo".

Finalmente, la intervención de ampliar la repercusión de la inadecuada expresión de enojo provocó un cambio inmediato en la compañera. Al finalizar la actividad, conversamos a solas con Marcos para retomar ese momento. Marcos recordaba en detalle lo ocurrido y, al analizarlo, sonrió, y festejamos al descubrir una nueva técnica para la calma, sin haberlo propuesto.

★ **Diseñar estrategias para enfrentar problemas comunes**, tales como hablar hasta entenderse, escucha activa, pensamiento alternativo, pensamiento lateral o definición de problema.

Es clave acompañar estas técnicas con un ambiente apropiado.

★ **Introducir y ejercitar la persistencia durante el trabajo:** valoramos el esfuerzo, la tenacidad, la insistencia por resolver desajustes que van surgiendo; intervenimos para que ejerciten su capacidad de trabajo, y apuntamos a que sea incorporado como hábito necesario y beneficioso para la vida.

★ **Modelar las habilidades sociales para vincularse.** Entrenamos distintas formas de comportamiento dentro de un espacio con reglas, siendo cordiales y asertivos con el otro. Los participantes identifican este aspecto sin tener que ser invitados de modo explícito.

En **CREAmaker**, al estar interesados en mejorar y lograr un producto, se destacan entre los participantes las habilidades valiosas; muchas de estas habilidades y competencias son las que promueven las nuevas amistades y su durabilidad.

★ **Superar el error.** El hacer naturalmente lleva a cometer errores, a manejar frustraciones y a que aparezcan dificultades. Incorporar esta visualización en el proceso creativo es intrínseco a la educación emocional. Apuntamos a que los participantes desarrollen la tolerancia a la frustración, y fomentamos el aliento y la práctica sostenida.

★ **Desarrollar la autoestima.** Destacar, elogiar y reforzar, de forma continua, los comportamientos valiosos; ayudamos a los participantes a sentirse bien con ellos mismos, al generar sentimientos triunfales, gratificantes, relacionados con el logro de objetivos.

★ **Funcionar dentro de un grupo. CREAmaker** ofrece un espacio grupal alternativo al de la clase, patio, club o familia; en estas actividades, actuamos para que desarrollen nuevos roles desde nuestra intervención atenta. En oportunidades, acercamos las personalidades más bien parecidas, o distribuimos los participantes para interactuar con personalidades contrarias.

Para cerrar este tema, apelamos a la coherencia de los docentes: lo más importante para el desarrollo emocional en los alumnos es que seamos nosotros mismos capaces de ejercitar continuamente las acciones señaladas. Se trata de activar la teoría y ponerla en práctica. Que tu accionar sea **CREAmaker** para dar lecciones de educación en las emociones.

 AUTONOMÍA

Cuando hablamos de autonomía, hacemos referencia a la facultad que tiene una persona para actuar según su criterio, con independencia de la opinión o el deseo de los otros.

Los educadores podemos facilitar el desarrollo de esa autonomía, ayudando a los chicos a adquirir habilidades emocionales, sociales, conductuales y cognitivas.

La autonomía implica un crecimiento, una evolución que acompaña la edad. El objetivo de lograr la autonomía es que cada uno pueda ser capaz de decidir y actuar por sí mismo con responsabilidad; esto implica asumir las consecuencias de lo que se hace, se dice, se piensa...

Existen diversas áreas donde se puede estimular el desarrollo de la autonomía.

● **Cuidado personal**: aseo, alimentación, higiene y aspecto físico.

Durante los encuentros **CREAmaker**, podemos permitir comer algo saludable. Los chicos deben decidir qué llevar (frutas, bizcochuelo, frutas secas, aguas) y, luego del encuentro, hacerse cargo de que todo quede limpio y ordenado, sin restos de basura.

● **Autodirección**: elegir, resolver y encauzar emociones.

El uso de materiales, la organización y la ejecución del trabajo exige que el alumno tome decisiones y controle sus emociones. Muchas veces, se ponen nerviosos porque no les alcanza el material, o porque no pueden ponerse de acuerdo con sus pares. Los docentes pueden intervenir para que el alumno recupere la calma y pueda buscar soluciones alternativas ante los límites que enfrenta.

● **Comunicación**: comprender un mensaje y expresar el propio de forma clara.

Los docentes, en el aula, debemos intervenir para modelar la comunicación gestual y verbal de cada participante. Trabajamos juntos para que la comunicación de lo que cada uno piensa y siente resulte clara y completa.

Cuando un alumno se expresa, podemos revisar cómo fue interpretado el mensaje por otro par. En caso de que no haya sido transmitido o interpretado correctamente, se ofrece un espacio para que el emisor ajuste el contenido del mensaje.

● **Habilidades académicas**: aprendizaje escolar aplicado a la vida.

En los espacios **CREAmaker**, reforzamos la capacidad de pedir, reclamar, negociar, convencer, persuadir, interrogar, responder con claridad, cuestionar...

● **Habilidades sociales**: iniciar, mantener y finalizar relaciones.

El docente puede armar equipos buscando que los alumnos interactúen con pares con los que no tienen relación. Es incómodo, pero aprenden a desarrollar muchas habilidades de índole social.

● **Ocio y tiempo libre**: la propuesta incluye espacios muy bien delimitados: hay un tiempo para concentrarse y escuchar; otro, para trabajar rápido, o para apurarse y terminar; y otro para apreciar la obra y descansar. Todos son igualmente importantes.

● **Salud y seguridad**: en los espacios **CREAmaker**, generamos consciencia acerca del uso prudente y cuidadoso de materiales (tijeras, lápices con filo) para evitar accidentes ocasionados por descuidos.

● **Trabajo**: en **CREAmaker**, respetamos horarios, reglas y autoridad.

● **Conexión con la comunidad**: durante las tareas, hacemos referencia al entorno real de los participantes; por ejemplo, barrios; comercios para comprar materiales; medios de transportes; plazas o librerías. Conectar con el afuera incrementa la creatividad aplicada a los trabajos.

*Bautista (6) mostraba desajustes para la organización de su trabajo en **CREAmaker**; le costaba preparar los materiales y planificar la secuencia de la actividad. Incluso con intervención de adultos para asistirlo, no llegaba a terminar la tarea. Requirió mucha práctica, apoyo y trabajo conjunto con su familia para que su desenvolvimiento avanzara.*

Cabe mencionar que esta misma actitud la observamos en actividades más dirigidas, por ejemplo en Matemática; pero la inclusión de contenidos y operaciones nos desviaban la atención hacia otras variables. El espacio y la sistematización en las actividades **CREAmaker** *favorecieron el diseño de un plan a su ritmo.*

En su casa, tampoco mostraba autonomía. Las áreas que presentaban más dificultad eran Autodirección, Ocio y Tiempo libre, Trabajo y Vida en el hogar. El enfoque desde **CREAmaker** *fomentó la utilización de un lenguaje compartido con los padres, lo que favoreció el trabajo conjunto.*

Se evolucionó, pero no se llegó a lograr la completa autonomía para que terminara sus trabajos en forma independiente. Se sigue trabajando en forma conjunta con la familia, siempre respetando el ritmo interno del niño.

● **Desarrollo de la autoestima**: muchas veces son los propios participantes quienes se dan cuenta de lo que son capaces de hacer. Y en otras oportunidades son los propios compañeros quienes destacan las habilidades de sus pares, reforzando la autoestima de los demás a partir del reconocimiento del talento.

✓ EMPRENDEDORISMO

La creatividad sin emprendimiento quedaría en el plano de las ideas.

Dicho concepto tiene que ver, específicamente, con el acto de elaborar, "hacer algo" o llevar a la práctica.

El acto de emprender abarca diversas etapas, que incluyen la imaginación, la creación, la puesta en marcha y la evaluación. Este concepto se encuentra estrechamente relacionado con **CREAmaker**, ya que el objetivo central de nuestra propuesta es poder materializar la idea; aprender haciendo; concretar lo que imaginamos, y hacerlo palpable, observable, evaluable.

✓ EMPRENDEDORISMO DOCENTE

Define la actitud emprendedora de los docentes *(teacherpreneurship)* al desarrollar actividades pensadas para motivar y generar el compromiso de sus alumnos con la tarea.

Sir Ker Robinson (2015) sostiene que "los profesores expertos adaptan constantemente sus estrategias a las necesidades y las oportunidades del momento. La enseñanza eficaz es un proceso continuo de adaptación, discernimiento y respuesta a la energía y la motivación de los alumnos".

Es decir, la actitud emprendedora de los docentes debe ser flexible, y requiere estar muy atentos para aprovechar las oportunidades de bajar las ideas a la acción.

✓ HÁGALO USTED MISMO

Es un concepto que resume todo lo que en una persona realiza para arreglar, modificar o mejorar un objeto, por necesidad o entretenimiento.

En este método, se focaliza el trabajo individual, y se utilizan materiales y herramientas simples, que no requieren un gran conocimiento previo.

Está relacionado con la realización de artesanías y manualidades.

En los espacios **CREAmaker**, esta actividad permite desarrollar la creatividad, focalizándose no sólo en la creación o el armado de un producto nuevo, sino también en la mejora de uno ya existente.

Se puede aplicar a pequeños objetos o a grandes producciones, como un mueble para guardar los libros en el aula.

Las instrucciones son muy útiles, especialmente cuando se trabaja en forma individual.

✓ HÁGALO CON OTRAS PERSONAS

Es un concepto posterior al "hágalo usted mismo", e incluye como componente fundamental el trabajo con colaboradores; es decir, se cambia el modelo de trabajo individual por el de trabajo colaborativo, que permite compartir ideas, estrategias, materiales y herramientas con otras personas y disfrutar del logro del equipo.

Para poder trabajar en equipo en los espacios **CREAmaker**, hay que desplegar y ejercitar habilidades sociales muy importantes para la vida.

✓ DISCIPLINA POSITIVA

Cuando hablamos de disciplina, hacemos referencia al ejercicio o la práctica sostenida para adquirir un dominio o habilidad.

Tiene una doble entrada: por un lado, ofrece pautas, orden y rigurosidad; por otro, es flexible y deja espacio para opciones personales, preferencias, momentos de intercambio, opinión y reflexión.

Cuando hablamos de educación, es una constante hacer referencia a la disciplina. Pero no es un término exclusivo de los docentes: padres, políticos, médicos, atletas, bailarines…, todos hablan de la importancia de la disciplina para el logro de las metas.

En este sentido, cuando aplicamos disciplina positiva, es importante tener muy claro el objetivo, la meta, lo que esperamos y lo que no queremos que suceda.

A la vez, alentamos el ejercicio de respetar pautas y reglas. Con esto, apuntamos a que las personas puedan tomar las decisiones "a medida", y se hagan responsables de las consecuencias.

¿Cómo se aplica la disciplina positiva en una propuesta **CREAmaker**? A través de las siguientes intervenciones.

→ **Realizar observaciones:** el material privilegiado lo encontramos en la misma situación provocada. Por eso, en algunos encuentros, podemos filmar. Sugerimos dar una atención especial a nuestro rol de coordinadores, ya que nuestro comportamiento es determinante en esa situación.

→ **Establecer reglas:** un ambiente ordenado y claro estimula a los participantes. Aquí es necesario considerar las posibilidades y los límites. Sostenemos las medidas y los "no" para que los participantes ejerciten la aceptación de situaciones adversas que se pueden presentar a futuro durante la vida.

→ **Ofrecer rutinas y rituales:** Las rutinas y rituales dan seguridad, favorecen al aprendizaje, preparan a los participantes, ahorran tiempo, y distinguen los momentos de trabajo, planificación, intercambio, producción e imaginación, entre otros. Sacarse los zapatos (ritual personal), preparar el cuerpo y concientizar la respiración (rutinas físicas), establecer comportarnos esperables y normas de buenos modales (rutinas sociales).

→ **Modelar actitudes:** el docente tiene como función modelar conductas, respuestas, gestos, actitudes antes de que estas generen una crisis o desborde dentro del aula.

Franko se esmera por atender el bienestar de uno de sus compañeros, que es muy demandante. Pero, por momentos, se cansa y responde de manera agresiva, grosera. La docente del aula debe estar atenta para intentar que Franko no se sature. Y, si se llega a ese punto, intervenir para descomprimir la tensión del momento.

→ **Distinguir antes, durante y después los comportamientos positivos:** es crucial rescatar los buenos comportamientos con naturalidad, sin forzar, ya que sobredimensionar el halago genera incomodidad en el receptor.

→ **Dar claridad:** cerciorarnos de comunicar con claridad las reglas y la propuesta de trabajo. Es esencial que se conozcan las expectativas y las pautas para que los participantes puedan tomar sus decisiones.

Por ejemplo, presentamos pautas para el uso de material; si sabemos que hay 14 parejas de trabajo y contamos con 20 rollos de papel, ponemos como norma utilizar sólo uno por pareja.

En oportunidades, aparecen cuestionamientos del porqué de tal medida, y piden compensarlo con otro material. Cuando es posible, sugerimos que ellos mismos tomen la iniciativa de ponerse de acuerdo con otra pareja para intercambiar materiales.

→ **Estructurar el ambiente:** revisamos las características del contexto; a veces, tenemos que modificar detalles u objetos para adecuar el espacio a las cualidades de los participantes y a la propuesta **CREAmaker**.

Es un proceso que requiere tiempo, pero vale la pena procurar un ámbito adecuado para fomentar el respeto, el cuidado y la armonía en general.

→ **Prevenir problemas:** muchas de las crisis que pueden surgir dentro del grupo son evitables si nos anticipamos y estamos atentos a prevenirlas.

Armar una estrategia y un plan de acción para minimizar las situaciones de conflicto resulta una política acertada. Esa planificación se realiza teniendo en cuenta realidades, tiempos y personalidades del grupo.

→ **Consecuencias claras:** hay reglas y orden. Si las respeto, pasa una cosa; y si no las respeto, las consecuencias son otras y se deben asumir.

Es importante que los chicos conozcan qué pasa en ambos escenarios. Que las consecuencias no sean una sorpresa. Como regla general, las consecuencias son más severas cuando afectan a otro compañero.

Apuntamos a intervenir de manera controlada, inmediata, seria y breve. Eso nos demanda realizar una autoevaluación con cierta frecuencia. Cuando somos consistentes y firmes con las consecuencias, favorecemos la seguridad de los participantes y nos respetan; nos damos a conocer desde la honestidad y demostramos que, cuando decimos algo, lo hacemos.

✓ JUGAR O JUGUETEAR

Consiste en experimentar diversos materiales y distintas formas de trabajo, con el objetivo de crear y desarrollar nuevos productos, o modificar y mejorar los existentes.

Al igual que en los espacios **CREAmaker**, este concepto focaliza la importancia de la experimentación y el jugueteo para encontrar respuestas, resolver problemas o descubrir nuevas características en objetos ya existentes.

✓ APROPIARSE

Implica convertirse en dueño: nuestro objetivo como educadores debería ser que nuestros alumnos se apropien de su proceso de aprendizaje; que se hagan dueños y se sientan responsables de lo que aprenden, y puedan, a partir de esos saberes, desarrollar su autonomía y sus propias estrategias.

Al involucrar a nuestros alumnos en actividades que favorezcan el desarrollo de la creatividad y de la producción de sus propios materiales de trabajo o productos finales, fomentamos un cambio de paradigma clave: de alumnos consumidores a alumnos productores. Del rol pasivo, al activo. De espectadores, a protagonistas.

✓ CTIM Y CTIMA

En Estados Unidos y Europa, se considera que estas áreas son las que van a formar a los trabajadores de los países desarrollados.

La Educación CTIM busca trabajar con las 4 áreas de forma integrada, a través de proyectos en los que los alumnos deben intentar resolver diferentes problemas.

Se busca entrenar a los alumnos en las habilidades del futuro. Al igual que en el caso anterior, la enseñanza de Ciencia, Tecnología, Ingeniería, Matemática y Arte se denomina con la sigla CTIMA.

Dicha enseñanza está basada en los fundamentos de la Educación CTIM y agrega el Arte como método para integrar las 4 áreas antes mencionadas. Si bien este método puede ser utilizado con alumnos de todas las edades, ya que fomenta el trabajo colaborativo y la resolución de conflictos, la inclusión del arte lo convierte en un sistema muy apropiado para los alumnos de los primeros años de la escuela primaria.

En los espacios **CREAmaker**, se puede hacer mucho en materia de integración de áreas. Por ejemplo, si se trabaja un proyecto sobre insectos, se puede salir a recorrer el patio de la escuela o alguna plaza cercana para buscar insectos y observarlos.

Tomarse el tiempo para eso resulta muy valioso. Se pueden usar lupas y cuadernos para tomar notas. Al retornar al aula, los alumnos pueden crear un hábitat a medida de las necesidades de cada especie observada. Para hacerlo, usarán materiales simples: cartón, papel, plastilina y elementos descartables.

✔ PROGRAMACIÓN

Este término se utiliza relacionado con la informática; consiste en el desarrollo de un programa y su correspondiente código.

Dos personas pueden hablar diferentes idiomas para entenderse; con las máquinas pasa lo mismo: ellas tienen su propio lenguaje, que se programa previamente para que puedan recibir y ejecutar distintas órdenes.

La decisión de desarrollar un nuevo programa informático, generalmente, está relacionada con la necesidad de cubrir un espacio vacío que nos permita hacer cosas que antes eran imposibles.

Es importante remarcar que, si bien en los espacios **CREA-maker** trabajamos con materiales sencillos como papeles, cartones y tapitas de plástico, pedirles a nuestros alumnos que programen un juego interactivo o una aplicación también es fomentar el desarrollo de su creatividad.

✓ IMPRESORAS 3D

Es una máquina capaz de realizar objetos o piezas separadas para que luego sean ensambladas.

Los diseños son desarrollados con una computadora y, muchas veces, se basan en otros diseños que se encuentran compartidos en Internet y poseen un código abierto.

En los últimos años, la tecnología 3D creció a ritmos vertiginosos. En la actualidad, se imprimen desde objetos decorativos hasta prótesis de extremidades físicas.

El joven argentino Gino Tubaro es un referente actual en lo que respecta a trabajo sobre la inclusión de personas con discapacidades a través de la Impresión 3D de prótesis y Braille Dinámico (herramienta que traduce texto plano a Braille).

En las escuelas con mayores recursos económicos, es posible tener una de estas máquinas a disposición de los docentes que la necesiten para aplicar a sus proyectos creativos en el marco de la enseñanza curricular.

Puede estar en sala de maestros, en la biblioteca, y ser reservada para ordenar su uso compartido.

✓ INTERNET DE LAS COSAS
(Internet of Things - David Rose)

Este concepto se utiliza para definir a la interconexión que existe entre los objetos cotidianos e Internet.

También, podemos pensar en cómo dichos objetos podrían interactuar entre sí a través de Internet, sin necesitar de la mano del hombre.

David Rose, un emprendedor e investigador estadounidense, desarrolló el concepto de "objetos encantados" *(enchanted objects)*. Rose define como "encantados" a aquellos objetos cotidianos que tienen capacidades extraordinarias.

A partir de esa definición, y tomando como base la Internet de las cosas, este investigador del MIT Media Lab ha comenzado a trabajar en el desarrollo de diferentes objetos que, ayudados por la tecnología, facilitarán la vida de las personas en el futuro.

Por ejemplo, en la actualidad existen diversos objetos y aplicaciones que permiten monitorear a un bebé o a un anciano aunque no se encuentren físicamente cerca de la persona a su cargo.

Si llevamos esa idea al espacio **CREAmaker**, podremos trabajar con los alumnos con una mirada más profunda sobre los objetos que nos rodean. ¿Qué objetos podrían tener otro uso? ¿Cómo podríamos hacer un objeto más efectivo aplicando tecnología?

✓ INNOVACIÓN

Innovar significa crear algo nuevo, distinto, novedoso y útil para las necesidades actuales.

Innovamos cuando iniciamos cualquier acción con nuestro conocimiento para **crear** algo nuevo con valor.

Educar es hoy, y será cada vez más, innovar sobre el terreno. **CREAmaker** incluye la innovación por parte del docente, porque la realidad misma empuja al cambio, y los chicos, naturalmente curiosos, demandan novedades para no aburrirse.

Lo nuevo despierta interés. Y, cuando se logra eso, se allana el terreno para desarrollar habilidades.

En los espacios **CREAmaker**, los chicos suelen "inventar" propuestas, objetos, soluciones…, y quedan sorprendidos, y orgullos, cuando el docente le cuenta que eso que inventó ya existe.

Cada docente hará su propia innovación, aprendiendo de otros y ajustando y modificando lo aprendido; en ningún caso importará, trasladará o generalizará fórmulas comunes, llámense "buenas prácticas", "prácticas de éxito", "educación basada en la evidencia" o cualquier otro eufemismo.

✓ INVENTIVA

Para inventar, hay que tener curiosidad, talento y creatividad. Inventar es la superación de una situación; es una solución práctica tangible. Consiste en crear un objeto que antes era inexistente a partir de una necesidad o situación concreta.

Para los verdaderos inventores, hay muchas cosas que son posibles y, en especial, cuando la mayoría de la gente cree estar convencida de lo contrario.

Un verdadero invento es aquel que se transforma en una innovación, luego de haber pasado exitosamente por las etapas de la solución técnica, el patentamiento, la producción y la comercialización.

La virtud básica de toda mente inventiva consiste en hacer fácil lo difícil, y en asociar lo bello con lo útil. En **CREAmaker**, son los protagonistas quienes se asombran al ver lo que fueron capaces de inventar, y orgullosos disfrutan de mostrarlo, explicarlo, hacerlo funcionar...

En la Escuela Argentina de Inventores (Mariana Biró y Eduardo R. Fernández), identifican cinco etapas bien definidas para el ciclo inventivo:

1. Detectar el problema: que puede ser algo que nos molesta, que no funciona bien, peligroso, difícil, o que falta.

2. Generar ideas: cómo hacerlo mejor, más rápido, más seguro, más barato, o más simple.

3. Planificar: búsqueda de información, análisis de las ideas, selección de la mejor idea, esbozos, selección de los materiales adecuados, y poner un nombre.

4. Hacer pruebas: diseño de una maqueta, perfeccionamiento de formas y funciones, planificación, experimentación, conclusiones.

5. Encontrar la solución: realizar un prototipo funcional, verificar las conclusiones, presentar y defender el proyecto inventivo.

✓ MENTALIDAD EN CRECIMIENTO

La mentalidad de crecimiento (Carol Dweck) enseña que los errores son oportunidades para crecer.

De hecho, son precisamente los problemas más difíciles los que implican un mayor crecimiento. Lo más interesante de este enfoque es que muestra que la inteligencia es maleable y que todo el mundo puede cambiar su forma de pensar.

Por otra parte, considera que los errores no son fracasos o una señal de falta de inteligencia, sino tan sólo oportunidades para poner a prueba las habilidades, y desarrollarlas.

La clave para promover una verdadera mentalidad de crecimiento consiste en enseñarles a los niños que sus cerebros son como músculos que se pueden fortalecer a través del trabajo duro y la perseverancia.

Así que, en lugar de decir: *"No todo el mundo es bueno en Matemática, haz lo que puedas"*, un maestro o un padre debería decir: *"Cada vez que resuelves un problema de Matemática tu cerebro crece"*. O, en lugar de decir: *"Tal vez la Matemáticas no es tu punto fuerte"*, un enfoque mejor es: *"La Matemáticas todavía no es uno de tus puntos fuertes,*

tendrás que esforzarte un poco más". De esta forma, se hace hincapié en el esfuerzo, pero con vistas a obtener resultados y a potenciar el aprendizaje.

SENTIDO DEL HUMOR

Una de las características significativas del ser humano es el sentido de humor.

La conexión entre la creatividad y el humor es muy cercana. Ambas implican unir dos cosas que no tienen una conexión obvia y crear una relación. El sentido del humor alimenta la creatividad y hace encontrar las mejores y más sorprendentes soluciones a los problemas.

Una de las intervenciones que usamos a menudo es compartir disparates o absurdos. Vemos que nos ayuda a pensar, nos aliviana y nos relaja. Transforma el mundo interior y exterior de forma saludable y reconfortante. Las personas que se toman las contrariedades con buen sentido del humor "las llevan mejor".

Afortunadamente, en los últimos años, se realizaron nuevas investigaciones y se afirma que su utilización colabora en la producción de las endorfinas; baja el nivel de tensión; es un buen aliado del aprendizaje; relativiza los problemas y ayuda a verlos a distancia; facilita la socialización y el fortalecimiento de la convivencia de aquellas personas que ríen juntas.

Hoy, el humor aparece como uno de los rasgos de carácter más apreciado entre las personas, sin importar la edad ni el sexo. Claramente, tener sentido del humor es una habilidad, un plus.

Murilo Gun es un comediante y docente brasileño, convencido de que la mentalidad de los comediantes fomenta el desarrollo de la creatividad y la innovación.

Gun sostiene que el trabajo de los comediantes se basa en identificar situaciones problemáticas a las que ellos deben encontrarles una respuesta humorística. En ese proceso, se pone en juego su creatividad: se parte de una base que se procesa hasta producir algo nuevo.

Es aquí donde encontramos su cercana relación con **CREAmaker.** Se cree que el pensamiento humorístico es una combinación entre el *stand up* y el pensamiento del diseño.

En **CREAmaker**, consideramos que el sentido del humor facilita el aprendizaje. Esto es así porque el sentido del humor es siempre motivador para aprender, trabajar y vivir.

Veamos algunos ejemplos:

● Elegir un personaje popular para los participantes (puede ser un personaje de películas o series infantiles) e invitar a los chicos a imaginar qué opinaría acerca del trabajo realizado. Ejemplo: ¿qué diría Mickey Mouse si viera estos pantalones fabricados para ir a la montaña?

● Tomar imágenes de los momentos de conflictos durante la actividad y mostrarlas cuando se recompuso la calma. Los chicos suelen reírse de ellos mismos al apreciar sus gestos en momentos de ira o impaciencia.

● Ofrecer la posibilidad de presentar de un modo alternativo la creación.

● Hacer que la obra se haga preguntas en voz alta.

● Pensar colmos o adivinanzas a partir de los objetos construidos.

● Jugar a "dígalo con mímica" luego de la actividad, para representar situaciones vividas durante el encuentro. Por ejemplo, la ansiedad porque se acababa el tiempo.

● Permitir que los que saben hacer rimas puedan recitarlas en voz alta durante la actividad.

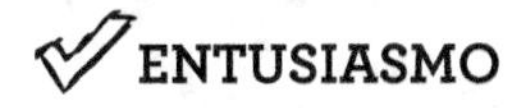# ENTUSIASMO

Significa "tener a Dios adentro".

En la época de la Antigua Grecia, los entusiastas eran capaces de resolver problemas y enfrentarse a situaciones nuevas.

A la vez, se pueden encontrar otras definiciones de entusiasmo como una afirmación de sí mismo, de creer en sí mismo, en los demás y en la posibilidad de cambiar las cosas.

Rubén Darío, poeta y periodista nicaragüense, sugiere "no apagar el entusiasmo, virtud tan valiosa como necesaria".

Por su parte, el filósofo alemán Albert Schwiettzer (1875) señala que "los años arrugan la piel, pero renunciar al entusiasmo arruga el alma".

Por estas razones compartidas, en las actividades **CREAmaker**, se promueve el desarrollo del entusiasmo personal y grupal.

Al ofrecer la oportunidad de identificar intereses y potenciarlos, el entusiasmo aparece con facilidad, hasta logra acrecentarlo, trabajando en nuevas experiencias.

Alejandro Rozitchner, filósofo argentino, hace una diferencia con el optimismo: en lugar de ver solamente las cosas desde el lado positivo, el entusiasmo implica una acción y transformación.

El entusiasmo sólo se logra actuando. Cuando uno se entusiasma con alguna situación, se pone en actividad. Y, en este punto, tenemos la clave: sólo es posible aprender haciendo cuando logramos despertar el entusiasmo del niño por hacer algo.

Sabíamos del interés de Andrés por el bienestar emocional; de modo repetido, aparecían ideas y propuestas para que alguno de sus compañeros esté más cómodo. En una actividad, pidió trabajar solo. Esto nos llamó la atención por ser algo inusual; pero, al verlo decidido, lo respetamos, y aceptamos. Al finalizar el tiempo, en el momento de presentación de trabajos, Andrés nos enseñó su producto para crear más felicidad en distintas situaciones (él mismo diseñó unos corazones para cuando estás sólo y un peluche por si necesitas un mimo, entre otros). El entusiasmo de Andrés aparecía de modo visible. Por haberlo realizado de modo tan sentido, otros compañeros se comprometieron con el tema y ofrecieron nuevas variables para enriquecer sus creaciones.

✓ PENSAMIENTO DEL DISEÑO

Es una tendencia muy utilizada en grandes organizaciones para fomentar el desarrollo de la creatividad y de la innovación.

Tal como su nombre lo indica, esta corriente se focaliza principalmente en el diseño y el desarrollo del proceso y no en el producto final. Además, permite llevar a cabo proyectos que integren diferentes disciplinas, y en los cuales el trabajo se realice de forma colaborativa.

De esta corriente también se nutre el espacio **CREAmaker**, que aprecia principalmente el proceso de trabajo y las ideas alternativas que van apareciendo mientras se busca resolver un desafío.

✓ ESFUERZO Y TRABAJO

Nos proponemos inculcar la cultura del trabajo, del esfuerzo, y de la tenacidad o perseverancia. Tenemos mucho por hacer para enseñar a los participantes el valor de aprender sólo por el hecho de hacerlo.

En **CREAmaker**, creemos en la práctica de estos valores, que son cercanos al talento y la virtud. Queremos ofrecer un clima placentero y lleno de desafíos a la vez, de apoyo y exigencia de forma conjunta; buscamos dar oportunidades para destacarse y resolver las situaciones con ingenio, que los participantes desarrollen sus capacidades de forma creativa, que nuestro apoyo y guía favorezca un *feedback* ajustado y motivante y que ellos experimenten el control y el dominio de las resoluciones de forma auténtica y personal.

Además, que vivencien que parte de la resolución está dentro de sí mismos, de la dedicación, y de la búsqueda de información pertinente en otros. Ayudamos a sostener el trabajo y a buscar alternativas ante las dificultades.

Octavia, con 7 años y un fuerte carácter, había realizado un invento con un globo; pero, en el intento de introducirlo dentro de la caja, este explotó. Ella decía que era injusto que no le dieran otro globo sabiendo que había más. Eran las reglas y había que acatarlas. Le llevó un largo tiempo (y algunas frases inadecuadas en voz baja) poder retomar su idea desde otro punto de vista. Un compañero fue de ayuda para lograrlo. Finalmente, en el intercambio, ella contó su invento, pero lo que más destacó fue la actitud de su compañero, que la ayudó a mirar otras cosas cuando estaba enojada.

En nuestra experiencia, los desafíos presentados fueron resueltos.

Cabe mencionar que, en algunas oportunidades, fue necesario acercarnos a marcar el tiempo, apresurar, y anticipar que se acercaba el final.

Con esta intervención, nuestro propósito es señalar que el esfuerzo y el trabajo duro logran sus frutos: crear un producto; queremos inculcar que el esfuerzo constante produce un resultado, aunque a veces sea parcial o haya que someterlo a mejoras.

Necesitamos también puntualizar que, en ciertos momentos, aparecieron aburrimientos o frustraciones muy marcadas, especialmente al no lograr acordar con el otro.

Estas situaciones deben ser intervenidas para que logren superarse, que los protagonistas ejerciten esas habilidades, y que los de alrededor escuchen y observen cómo lo realizan. Estas capacidades son parte del entrenamiento para lograr el proceso creativo.

Por otro lado, compartir experiencias de interés y de esfuerzo con los participantes nos permite retomar lo compartido y realizar un seguimiento.

Contar con información de actividades anteriores, recuerdos de sus frases y creaciones específicas nos permite pla-

nificar actividades más acertadas según los intereses de los participantes.

Finalmente, es impensado considerar el proceso creativo ajeno a la capacidad de persistencia y trabajo, como también considerarlo lejano al error, a las dificultades o a los fracasos. El sentirse mal, incómodo o angustiado son emociones naturales y esperadas; la clave será saber identificarlas, dominarlas y expresarlas.

En **CREAmaker**, reforzamos la concepción de que el error puede servir para la construcción de una nueva idea.

✓ TRABAJO COOPERATIVO

Se produce un aprendizaje cooperativo cuando todos trabajan y aprenden. Se provoca la necesidad de pensarse en relación con otro, desplegando una variada cantidad de habilidades emocionales y sociales que se irán ajustando con el *feedback* de los demás.

Esto promueve el interés por compartir ideas, ayudar a los demás, encontrar soluciones consensuadas, pensar en voz alta, escuchar lo que dice el otro y acordar.

Una vez que se logra alcanzar una meta compartida, el refuerzo mismo de la experiencia es muy gratificante.

Creemos que no existe un espacio **CREAmaker** posible sin colaboración, ya que esta se encuentra presente en todo momento: desde la recolección de materiales, pasando por el desarrollo de la idea, hasta la realización del producto final.

Pasi Sahlberg, educador finlandés, sostiene que es raro encontrar que un solo individuo pueda tener ideas originales sin interactuar con otras personas. Las escuelas que fomentan la creatividad se basan en educar en el espíritu colaborativo.

NOS INSPIRARON...

- Rafael Bisquerra
- Mariana Biró
- Eduardo R. Fernández
- Carol Dweck
- Albert Schweitzer
- Murilo Gun
- Alejandro Rozitchner
- Pasi Sahlberg

MATERIALES DESTACADOS

En esta sección, detallaremos algunos materiales sugeridos para utilizar durante una propuesta **CREAmaker** en la escuela.

Si bien los materiales pueden ser provistos por las instituciones, intentamos fomentar el hábito del reciclado y la reutilización entre nuestros alumnos.

Sugerimos disponer de un sector en el aula donde los chicos puedan juntar, de modo organizado, diversos materiales que encuentren en sus casas: cajas, bandejas descartables, cartones, papeles, retazos de tela y tapitas de botellas, entre otros.

La recolección de materiales se puede hacer de forma constante o por períodos de tiempo determinados, según la necesidad.

Algunos materiales utilizados como herramientas (tijeras, cinta adhesiva, pegamento, ganchos) pueden ser adquiridos por la institución o bien se pueden solicitar a los alumnos, según la necesidad y las posibilidades de cada grupo y escuela.

Los materiales los dividimos en 3 grupos: generales, finales, y estilo herramientas.

◆ MATERIALES GENERALES ◆

Apuntamos a que la totalidad de los materiales sean simples, desestructurados, comunes, de fácil acceso y, en lo posible, reciclados o reutilizados.

Palitos de helado	Monedas
Trozos de goma eva	Bombitas
Algodón	Cajas de zapatos
Papeles	Trozos de madera
Cartón	Azulejos
Sorbetes	Caracoles
Tapitas	Útiles escolares sin uso
Sogas	Cajas de remedios, ravioles, pizzas...
Vasos de plástico	
Platos de plástico	Bolsas de papel
Varitas de madera	Rollos de cartón de cocina
Ramas	Botellas
Hojas de árbol	Tierra
Piñas	Envases de cartón (de jugos, leches, vinos...)
Trozos de manguera	
Diario	Arena
Revistas	Globos
Llaves	Telas

● RECIPIENTES ●

Una vez clasificados los materiales, sugerimos seleccionar distintos tipos de recipientes para ordenarlos y facilitar su visualización y práctico uso.

Los contenedores de materiales generales pueden ser:

Vasos de plástico duro, transparentes y grandes	Bandejas
	Conos de papel
Latas	Tapas de envases plásticos
Palanganas	Bolsas
Baldes	

● MATERIALES PARA OCULTAMIENTO ●

Hemos señalado la importancia de ocultar los materiales para sorprender a los participantes durante el inicio de la actividad, para fomentar la curiosidad y el asombro.

Para tapar los materiales recomendamos o sugerimos utilizar:

Tapas de cartón
Campana
Caja cerrada
Telas

◆ MATERIALES FINALES ◆

Son los que convendría presentar en una segunda etapa, para que los chicos no se distraigan al verlos antes de tiempo.

Por supuesto que dependerá de la edad y el ambiente; pero, en líneas generales, podrían utilizarse:

Goma de pegar vinílica ("plasticola") de distintos colores
Botones
Cintas
Lana
Tachas

Velas para dejar huellas
Pompones (para collares)
Brillantina
Lentejuelas
Piedritas
Bellotas

◆ MATERIALES ESTILO HERRAMIENTA ◆

Son los que ayudan al armado de la actividad, y dependen de los materiales generales seleccionados.

La elección de cada herramienta deberá contemplar la edad y estilo de cada grupo; por ejemplo:

Cinta de papel
Cinta adhesiva
Pistola para pegamento termofusible
Pegamento
Goma de pegar vinílica ("plasticola")
Abrochadora

Alfileres
Agujas
Tijera
Clips
Cables
Velas
Mecheros
Fósforos

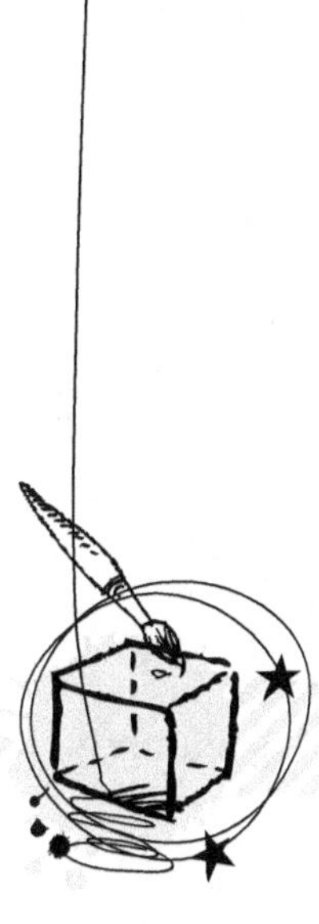

DiEZ ACTiViDADES POSiBLES

Vamos a compartir con ustedes una selección de actividades **CREAmaker** que permiten desarrollar la creatividad en los participantes.

Esto es así porque los ejercicios que se van a proponer son un disparador de la creatividad en el aula.

Los docentes, por su parte, podrán inspirarse y adaptar estas propuestas a sus necesidades, y lograr así mechar actividades creativas en el proceso de transmisión de los contenidos curriculares.

En este sentido, cada una de estas propuestas fue pensada con un propósito específico y para una audiencia determinada; las hemos probado y han sido muy efectivas para "aprender haciendo".

Dichas actividades se pueden adaptar, con pequeñas variantes, a grupos con características distintas. De hecho, confiamos en la capacidad de recreación de las propuestas por parte de los docentes.

Se trata de actividades muy inspiradoras, que arrojan excelentes resultados. Para aplicarlas, hay que tener en cuenta algunos detalles:

¿DÓNDE SE REALIZA LA ACTIVIDAD?

Lo ideal será contar con alguna sala o espacio específico, diferente de la clase que habitualmente utilizan los alumnos, para facilitar la organización y el acceso a los materiales.

Esta situación es poco común, ya que el espacio escasea, y es complejo acordar el uso de espacios comunes. La realidad es que, en la mayoría de los colegios, las actividades **CREAmaker** se tendrán que hacer en el aula de clase.

En este sentido, sugerimos que, antes de comenzar la actividad **CREAmaker**, los alumnos guarden sus útiles en las mochilas para despejar el espacio. Luego, ordenar las mesas, las sillas y otros muebles, para lograr un espacio de trabajo cómodo, que favorezca el desplazamiento y el libre movimiento.

¿PARA QUIÉN PUEDE SERVIR ESTE TIPO DE ACTIVIDAD?

Las actividades aquí desarrolladas fueron pensadas para alumnos de nivel inicial y primario.

En el desarrollo de las actividades, podrán conocer distintas variantes para modificar las actividades según la edad de los participantes.

Igualmente, cabe mencionar que, con las correctas adaptaciones, fueron ejecutadas por participantes de nivel secundario y adultos.

Nuestra experiencia demuestra que es fácil el acomodamiento para grupos de jóvenes y adultos, en charlas de capacitación o en equipos deportivos.

¿CÓMO NOS ORGANIZAMOS DURANTE LA ACTIVIDAD?

El rol de coordinador requiere ser reflexionado y supervisado, porque el propósito de colocar al participante en el centro de la actividad, lograr que sus intereses personales se potencien, que los miembros interactúen entre ellos de forma colaborativa, y respetar las características de trabajo y orden no es tarea simple.

Identificamos los momentos previos, durante la actividad y final de esta, lo cual tratamos con detenimiento en un próximo capítulo.

¿CÓMO SE SELECCIONAN Y SE PRESENTAN LOS MATERIALES?

Los materiales son un aspecto relevante dentro de la propuesta **CREAmaker**; y la presentación y el orden son factores influyentes para que se facilite la actividad.

Los materiales (que pueden ser descartables-reutilizables, o reciclables) pueden ser adquiridos por la institución, o aportados por los niños en colaboración con sus familias.

Para entender mejor, vamos directo a las actividades **CREAmaker**.

1.

Primero, conocer; después, conocer

Desafío: ¿Qué quieres aprender? ¿Qué temas te gustaría tratar? ¿Qué te interesa investigar? En esta hoja en blanco, responde a estas preguntas, utilizando los materiales que están dentro de las palanganas.

Objetivos: Este juego es una invitación a sacar lo que hay adentro, y ofrece la posibilidad de conocer qué cosas traen, piensan, curiosean, preguntan e interesan a los participantes; nos habilita a empezar a conocer su momento actual; con una sola respuesta novedosa que salga a la luz, el juego habrá valido la pena.

Participantes: No influye la cantidad de personas; se puede trabajar de forma individual, en parejas o en grupos.

Duración: 30 minutos.

Materiales: mapas, hojas color, hojas anotador, lápices negros, plastilina, revistas, goma de pegar vinílica (tipo "plasticola"), brillantina, botones, tizas de color, lana.

Sugerencia: El uso de música en el momento de trabajo individual puede favorecer la tarea.

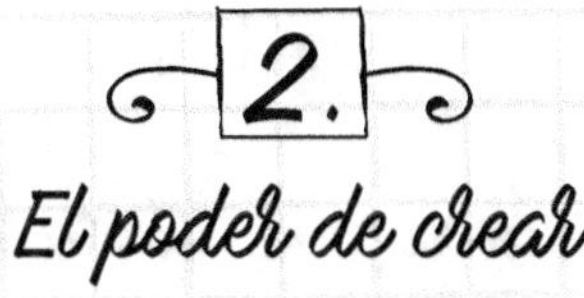

El poder de crear

Desafío: ¿Qué te gustaría encontrar dentro de esta bolsa y que salga volando?

Objetivos: Este juego es para evocar la imaginación, nuestra gran amiga y aliada de la creatividad.
Se trata de un objetivo recurrente en nuestras actividades, porque queremos profundizar en ella siempre en relación íntima al hacer, al crear.

Participantes: No influye la cantidad de personas; se puede trabajar de forma individual o en parejas.

Duración: 30 minutos.

Materiales: bolsa de papel madera (estraza o *Kraft*) o blanco para cada participante y un lápiz negro dentro de ella.

Sugerencia: Podemos presentar las bolsas infladas con aire, sin que se vea el lápiz adentro; esto genera sorpresa e impacto. Darles tiempo a los participantes para que imaginen qué hay en el interior de la bolsa; luego, permitir que cada uno tome la bolsa.
Al ver el lápiz en el interior, se los invita a dibujar lo pensado/imaginado sobre el propio papel de la bolsa.
Una vez terminado, puede resultar de interés proponer que se coloquen la bolsa como guante para hacer volar lo dibujado.

3.

Solución imaginada

Desafío: Muchos objetos que son realmente revolucionarios fueron, en un primer momento, sólo imaginados; y, a veces, hasta tuvieron que esperar varios años para existir. ¿Quién se anima a imaginar algo que aún no existe? Algo que no exista y le gustaría tener para solucionar un problema, un conflicto.

En esta misma actividad, podemos proponer un conflicto específico para ser solucionado, o bien podemos conocer sus conflictos y ayudar a que seleccionen ellos mismos uno para empezar el trabajo.

Por ejemplo, conversamos sobre los conflictos que tuvieron en la última semana, hacemos un listado, agregamos algún otro que se repita cotidianamente y se elige sólo uno de esos conflictos; hacer que imaginen una posible solución; puede ser una solución mágica, disparatada o revolucionaria.

Objetivos: Esta propuesta apunta a alentar a que se encaren las cosas de una forma resolutiva. La idea es que puedan buscar una solución tentativa a algo que les interese, pensar que se puede resolver de otra manera una situación que nos molesta todos los días, en forma cotidiana.

Nos deja conocer incomodidades o cansancio frente a alguna situación. Es importante valorar si se logra identificar la situación y el esbozo de solución, por más simple o ridículo que sea lo imaginado. Lo importante es imaginar y animarse a expresar esas ideas en voz alta.

Materiales: papeles, cintas, papel, tiras papel crepé, papel barrilete, pequeños trozos de cartón, retazos de goma eva, goma de pegar, cinta de papel, cinta de embalar, tijeras, trincheta (cúter), cartulinas.

Participantes: Puede resultar más conveniente en parejas.

Duración: una hora.

Sugerencia: Dar una hoja, u otro material, como un pedazo de cartón o una hoja de color que se tenga que utilizar necesariamente, a cada participante o pareja (dependiendo de cómo se decida realizar este juego), puede facilitar el desarrollo de la actividad; es importante que sea el mismo material para todos.

4.

Sueños nuevos

Desafío: Muchas veces, soñamos despiertos con cosas, situaciones, lugares, programas… Para nosotras, los sueños ayudan a hacer cosas nuevas, de distinta y de mejor manera. ¿Qué sueño se te puede ocurrir para tu escuela?

Objetivos: Proponer acciones de cambio en el ambiente cotidiano de los participantes. Atención, porque muchas veces pueden aparecer acciones totalmente accesibles para nosotros, y el poder efectuarlas en la realidad es enriquecedor para todos.

Materiales: botella para cada uno que se tenga que utilizar necesariamente (o pareja o equipo), papeles, botones, sorbetes, palito helado, goma eva, cúter, pistolita de silicona, etcétera.

Participantes: Se puede trabajar de forma individual, en parejas o en grupos.

Duración: una hora.

5.

Caja útil para la familia

Desafío: ¿Qué utilidad le darías a esta caja? ¿Para qué serviría en tu casa o para tu familia?

Objetivos: Proponer acciones de cambio en el ambiente cotidiano de ellos. Prestar atención, porque, muchas veces, pueden aparecer propuestas fáciles de materializar, y poder bajarlas a la realidad sería enriquecedor para todos y su autoestima.

Materiales: caja de zapatos para cada uno (o pareja o equipo), papeles, goma eva, cajas de remedios, globos, botones.

Participantes: Se puede trabajar de forma individual o en parejas.

Duración: una hora.

Sugerencia: Puede ser justo que el orden en que cada equipo haya terminado de planificar su idea sea el que otorgue el derecho de elegir su caja entre las que se han preparado. En general, las cajas son distintas; en un primer momento, puede ocurrir que quieran tomar la caja de mayor interés (por tamaño, color, textura); pero tener que respetar la regla (orden establecido para elegir) los entrena en la paciencia y en el desarrollo de conductas socialmente más aceptadas.

6.

Juguete sofisticado

Desafío: ¿Nos representarías un juguete que pueda resultar de interés para un chico de tu edad, pero que hoy no lo puedas conseguir en una juguetería?

Objetivos: Los niños son especialistas en los juegos y en saber qué es de su interés.
El objetivo es alentar que los niños identifiquen dicho interés y que lo puedan representar, en cierta medida, a través de sus producciones.

Materiales: bandeja grande de cartón para cada uno (o pareja o equipo), tijeras, tapas de gaseosa, botones, telas, papel crepé, cartulinas, cintas bebes, escarbadientes.

Participantes: Se puede trabajar de forma individual, en parejas o en grupos.

Duración: una hora.

Sugerencia: Repetir esta propuesta puede resultar de interés para los alumnos. Y, a la vez, ser interesante que estos prototipos se puedan usar en el patio, siempre y cuando acepten que estos puedan desarmarse o deteriorarse con el uso.
Las propias producciones cobran aún más significado con la experiencia de uso y su posterior análisis. En algunas opor-

tunidades, aparecieron correcciones de valor que permitieron mejorarlas o, incluso, dispararon nuevas ideas para crear otros objetos.

Variante: Si se realiza esta actividad con un grupo de jóvenes o adultos, el desafío puede focalizarse en otro tema específico.
Por ejemplo, probamos con un equipo deportivo de jóvenes que, en sus últimos 5 partidos, no habían conseguido puntos; ellos lo relacionaban con mala actitud y diferencias personales entre los jugadores.
En esa oportunidad, el desafío fue pensar en un dispositivo que brindara algo valioso o un beneficio para el siguiente partido.

7.

Sombrero con magia

Desafío: Hay muchos libros e historias de magos y brujas que cuentan con sombreros que tienen diferentes poderes. ¿A ti cuál te gustaría tener?

Objetivos: Los niños se vinculan con sus deseos de modo cercano e inmediato; pueden ser deseos internos (personales) o del exterior, ajenos a ellos.
El objetivo de esta actividad es alentar la búsqueda de ese deseo ofreciendo un espacio de reflexión.

Materiales: Soporte de cartón que sirva a modo de sombrero para cada uno, pareja o equipo (puede utilizarse una bandeja descartable para tarta o pastel que sólo requiere cortar una cruz en el centro para transformar en la base del sombrero). También se utilizarán tijeras, tapas de gaseosa, cintas de distintas texturas, telas, papel glasé, calcomanías, cables, papel barrilete.

Participantes: Se puede trabajar de forma individual o en parejas.

Duración: una hora.

Sugerencia: Con cuidado y supervisión, podemos jugar con algunos de esos sombreros, y "probar" el *poder* de este en distintas cabezas. Con esta acción, podremos trabajar sobre los distintos puntos de vista.

Variante: Si se realiza esta actividad con un grupo de jóvenes o adultos, es probable que convenga reforzar la idea de fantasía, para que el "poder" que ellos elijan sea ajeno a la realidad o a la vida cotidiana.

8.

Crea tu propio juego

Desafío: Muchas veces, entre los chicos, aparecen momentos de aburrimiento. ¿Qué podrían inventar si tuviesen estos materiales para que un grupo de amigos se entretenga?

Objetivos: Focalizar en una situación que responde a la cotidianeidad para ejercitar la variedad de posibles resoluciones con el uso de materiales concretos. Provocar y señalar las diferencias entre las ideas.

Materiales: 3 canicas, papel crepé, telas, tizas, crayones, cartulinas y un gran pedazo de cartón, una o dos ruedas, piolín, lana.

Participantes: Se puede trabajar de forma individual, en parejas o en grupos.

Duración: Una hora.

Sugerencia: Nos puede resultar beneficioso resaltar el valor de responder con simpleza y claridad.

9.

Cuentos tradicionales.
Comienzos conocidos, finales inesperados

Desafío: Ayudar al protagonista de la historia a resolver su problema. Por ejemplo: ¿cómo podrían los tres chanchitos haber construido una casa más fuerte?; o bien ¿cómo podría Caperucita Roja llevar su canasta con comida a la abuela sin pasar por el bosque?

Objetivos: Analizar de distinta manera el uso de un cuento tradicional; darle una nueva interpretación y un posible nuevo sentido; agudizar el ingenio.

Materiales: palitos de helado, cinta de papel y adhesiva, bloques para encastrar, papeles, cartones, madera balsa, bisagras, pegamento, tornillos, clavos, martillos y destornilladores.

Participantes: Se puede trabajar de forma individual, en parejas o en grupo.

Duración: una hora.

Sugerencia: Trabajar con obras literarias, obras de arte y temas musicales conocidos por nuestros alumnos, para resignificarlos y fomentar el juicio crítico y la creación de nuevas obras.

Variante: Identificar contenidos tradicionales para escribir actividades posibles:
- Animales ya investigados
- Inventos (con restricciones por temas y materiales)
Durante esta actividad, varios de nuestros alumnos se sorprendieron al descubrir que una casita hecha con cartón y cinta era mucho más resistente que una realizada con ramitas secas.

Daniela expresó: "¡No puedo creer que no se caiga mi casa de cartón! ¿Cómo es posible?". Entre todos los presentes, buscamos darle una respuesta. Logramos concluir que la cinta que había utilizado y la forma de pegar los diferentes lados de la casa habían logrado hacer que su producción fuera la más fuerte de la clase. Sin embargo, otros compañeros que habían elegido materiales más fuertes, como madera o palitos, no habían logrado armar una estructura realmente resistente.

Variante: En grupos de jóvenes o adultos, esta actividad puede presentarse como una competencia para estimular el trabajo.

10. Un regalo inesperado

Desafío: Construir un regalo/objeto que le pueda resultar útil a un compañero de clase o a un personaje ficticio.

Objetivos: Identificar alguna necesidad o interés que pueda tener el compañero o el personaje y construirle algo que pueda facilitarle su tarea o inquietud.

Materiales: palitos de helado, cinta adhesiva, bloques para encastrar, papeles, cartones, tapitas, cajitas, hojas, telas, telas, máquina de coser, cintas, abrochadoras, botones, cinta papel, tijeras.

Participantes: Se puede trabajar de forma individual o en parejas.

Duración: una hora.

Sugerencia: Es fundamental controlar el tiempo; antes de la actividad, se puede conversar para reflexionar sobre las necesidades de las personas que nos rodean.

Olivia y José, dos alumnos de cuarto grado, sorprendieron a sus compañeros al realizar un auto para regalárselo al protagonista de una novela que había sufrido un accidente y había pasado la mayoría de los capítulos movilizándose con dificultad. Al escuchar la consigna, dichos alumnos pensaron en la necesidad del protagonista e intentaron brindarle una solución, fomentando el desarrollo de la empatía y la conciencia social.

Variante: Con jóvenes y adultos, esta actividad puede realizarse en pequeños grupos para favorecer el intercambio de ideas y opiniones.

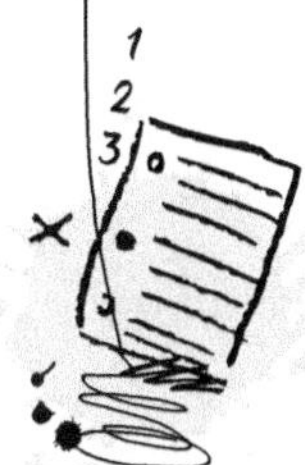

ARMADO GENERAL

Las propuestas **CREAmaker** no se improvisan. Tienen un antes, un durante y un después, como todo proceso.

Estamos convencidas de que el orden y la planificación previa facilitan el manejo del tiempo, la coordinación general de la actividad y la participación del grupo.

Cabe mencionar que esto es una guía general y flexible: se puede ir ajustando a partir de las particularidades del grupo (edad, características). Lo importante es que el espacio de trabajo sea un ambiente que fomente y estimule la creatividad, independientemente de los recursos materiales que tengamos a disposición.

Así lo dice Marina y Marina (2013): "No hay ninguna razón para que un centro educativo o un aula no se conviertan en entornos creativos; debemos crear espacios donde sea fácil el trabajo colaborativo entre los alumnos y se facilite la comunicación y la discusión entre ideas". Y agrega: "No facilita mucho un ambiente de colaboración una clase en la que las mesas están distribuidas por filas y el profesor adelante. Es necesario crear un espacio que estimule a los alumnos".

Para recrear el ambiente, proponemos acciones sencillas para la "previa" de la actividad.

Antes de la actividad

El éxito de una actividad depende, en gran medida, de que se logre despertar el interés en los participantes. Esta instancia es similar a la conocida "primera impresión": cuando no es buena, se hace cuesta arriba entusiasmar al equipo para encarar la tarea.

Es importante dedicar un tiempo a planificar la mejor forma de presentar los elementos/materiales de trabajo, porque es lo primero que observan los participantes cuando ingresan al lugar: colores, temperatura, olores, presentación del material, espacios… Queremos detenernos en esta "previa" para promover un clima que propicie y fomente el trabajo autónomo y creativo.

Es conveniente reflexionar acerca de las reglas que todos debemos respetar para facilitar el desarrollo de la actividad. ¿Podemos hablar?; ¿hay que pedir permiso?; ¿nos tenemos que quedar quietos?; ¿sentados?; ¿podemos pararnos?; ¿se puede opinar acerca del trabajo del otro?

Ese orden está relacionado con la necesidad de definir y dejar claros los **límites**. Tal como señala Víctor García Hoz, reconocer al alumno como un legítimo "otro" en la convivencia y crear un espacio emocional implica fijar reglas claras, cumplir con los límites y permitir gozar de las características propias de ser persona: singularidad, creatividad, autonomía, libertad, apertura y comunicación.

En esta instancia, es de gran ayuda que se respire un ambiente relajado y espacioso. Es conveniente despejar o retirar todo lo que no tenga que ver con la actividad (carteleras; muebles que se puedan desplazar para dejar espacio libre...).

Muchas veces, nos ocupamos de poner las cosas que son necesarias sin antes guardar lo que no necesitamos. Si hay cortinas y la luz exterior es buena, se sugiere abrirlas para generar más calidez en el ambiente.

Sintetizando: el espacio debe ser agradable y cómodo; y los materiales, visibles, al alcance de la mano, y en espacios diferenciados (en las palanganas, las tapitas; en las latas, los crayones; en las cajas, las tiras de papel...).

Si los participantes son pequeños, de menos de 7 años, se aconseja colocar los materiales sobre las mesas, cerca de los bordes, para facilitarles el acceso a ellos. Por ejemplo, las tiras de papel en el borde de la mesa.

Podemos colocar los materiales de menor tamaño en vasos, latas o palanganas. Si es posible utilizar recipientes homogéneos, se facilita su visualización. Sugerimos que los recipientes sean lisos y sin decoraciones.

Los materiales de mayor tamaño y/o en mayor cantidad, lo que dificulta ponerlos en recipientes, se ubican en rincones de forma clasificada y bien ordenada (por ejemplo, las cajas de remedios o zapatos, rollos de papel afiche, cartulinas, trozos de tela). Otra alternativa podría ser ubicar dichos materiales apoyados sobre las paredes de la sala.

Cuando nos referimos a la presentación de materiales, lo que queremos es generar sorpresa para captar la atención de los alumnos. Cuando un aprendizaje está asociado a algo novedoso, distinto, llamativo o sorprendente, el impacto que produce en los participantes puede ser mucho mayor.

Este efecto se puede lograr de diversas formas. Por ejemplo, cambiando los bancos de lugar durante el recreo, permitiendo a los alumnos trabajar descalzos, cubriendo el material con una gran tela para luego destaparlo como lo haría un mago, entre otras variables.

Además de ser utilizadas para cubrir los materiales, las telas sirven para resaltar un espacio en particular; por ejemplo, se puede colocar una gran tela liviana a modo de alfombra en el piso, marcando el lugar donde nos vamos a sentar, o bien colocarla sobre las mesas a modo de mantel sobre el que colocaremos los recipientes seleccionados y separados entre sí.

Otro recurso, para activar el olfato, es colocar un aromatizador de ambiente en aerosol antes de que los participantes ingresen a la sala. Inspira, impacta y genera sensación de bienestar.

Inicio de la actividad

¿Qué tal si empezamos invitando a los chicos a sacarse los zapatos? La propuesta facilita, en cierta medida, la conexión con la actividad; cualquiera sea la edad del grupo, al poder sacarse los zapatos, se desconectan de sus preocupaciones, emociones, inquietudes...

Trabajar descalzos favorece la predisposición "al hacer", y aumenta la capacidad de sorprenderse, interesarse por la actividad y hacerla con entusiasmo y alegría. Es probable que la invitación se haga hábito, por lo que en la próxima actividad **CREAmaker** se van a sacar los zapatos automáticamente.

Pueden aparecer personas que, en un principio, decidan no quitarse sus zapatos, y se debe escuchar y respetar la decisión. También puede ocurrir que algún participante no quiera participar de la actividad. Se lo escucha con atención y se respeta su decisión.

A quienes no quieran participar, podemos ofrecerles un lugar para que puedan observar la actividad (rincón con sillas o almohadones, que inviten al descanso).

Iniciamos la actividad con una breve entrada en calor de cuerpo y mente. Como coordinadores de juego, podemos recurrir a diferentes recursos (psicodrama, *braingym*, *mindfulness*, yoga, Pilates, baile, meditación, visualización, esferodinamia, gimnasia circense o acrobática, entre otros).

Se sugiere manejarnos con movimientos suaves y sostenidos. Dirigimos la atención hacia las extremidades, visualizando los pies en el piso, la ubicación de la cadera, la postura y el torso...

Vamos estirando la posición de la espalda y de los hombros para energizar lentamente los músculos. Realizamos torsiones y movimientos complementarios. En esta instancia, se enfatiza nuevamente el beneficio y la comodidad de estar descalzos, ya que esto posibilita movimientos más amplios.

Luego se hacen preguntas vinculadas con la temática de la propuesta para ir acercándonos a la consigna del desafío. Invitamos a tomar asiento en ronda, o alrededor de la tela o los materiales ya organizados durante la preparación del ambiente.

Presentamos el "desafío" y permitimos que vayan expresando lo que suponen o imaginan que haremos.

Organizamos los lugares de trabajo dependiendo del tipo de actividad (individual, o en parejas o en grupos).

Sugerimos que la primera actividad **CREAmaker** sea individual, simple y corta. Luego podrá evaluarse si conviene trabajar en parejas o en equipo.

● Una vez preparados y organizados en el espacio, presentamos los materiales.

Pedimos a los participantes comenzar a planificar su producción y darse tiempo para ponerse de acuerdo con su pareja o equipo. Se sugiere dialogar en voz baja.

Aclaramos a los participantes que cada uno tendrá su espacio de trabajo, y que deberán movilizarse para tomar los materiales elegidos.

● Damos inicio a la actividad anticipando el tiempo total de trabajo. Avisamos que iremos notificando el transcurso del tiempo durante la actividad, para que regulen sus tiempos.

Desarrollo de la actividad

● Promovemos un ambiente de confianza y apoyo.

El coordinador tiene la tarea de guiar y asistir a los participantes que lo necesiten.

Si el desafío es acorde a las características del grupo, estos momentos de guía deberían ser nulos o escasos.

● Sugerimos que el aliento sea sostenido durante las actividades y se focalice en las conductas, no en las personas.

Por ejemplo, si alguien utiliza bien un material, alentamos el buen uso de este, sin nombrar a la persona en particular para que el mensaje también influya en los otros. No es lo mismo decir "qué buena idea es reforzar la unión de los materiales con cinta de papel para que sea más resistente" que decir "qué buena idea la de Fulano...".

Por otro lado, utilizamos mensajes no verbales; nos colocamos a la misma altura de los ojos de los participantes para mirar y/o hablar, asemejamos nuestros movimientos con los de ellos, y buscamos cercanías físicas y puntos de apoyo: por ejemplo, podemos colocar nuestra mano en su hombro cuando les estamos diciendo algo.

Con la frecuencia de actividades **CREAmaker**, los mismos participantes comienzan a alentarse entre ellos, imitando frases dichas con anterioridad por el coordinador, y hasta pueden ser capaces de alentar de forma específica a los compañeros, reconociendo alguna particularidad.

Por ejemplo, un compañero dice en voz alta: *"Qué bueno es respetar las reglas de los materiales"* al ver a su amigo, quien, con anterioridad solía tomar muchos materiales a la vez.

La respiración consciente, centrada en el presente, puede conectarnos con nosotros mismos y nos permite estar en armonía. Podemos encarar una respiración pausada, con la boca suavemente cerrada, los ojos abiertos, y una inhalación y una exhalación semejantes en duración. Esto lo podemos hacer antes y después de los desafíos.

El rol del coordinador conviene que se ajuste o modifique cada vez que sea necesario. Nuestras intervenciones deberían ir actualizándose para promover diversas estrategias que fomenten un clima ameno, dinámico y enriquecedor en el juego.

Destacaremos algunas de las acciones esperables del coordinador:

→ OBSERVACIÓN

Es el recurso de excelencia.

La observación atenta nos da valiosa información para una retroalimentación continua. A atendemos a conductas, gestos, frases, movimientos, silencios, cuerpos, distancias, posiciones…

En ciertas oportunidades, podemos adelantarnos a ciertos manejos de los participantes o identificar cambios significativos en su comportamiento.

→ ESCUCHA

Nos colocamos dentro y fuera de la actividad para mantener una distancia óptima que facilite la ampliación de nuestra apreciación personal y nos ayude a conocer al otro e intervenir de un modo apropiado, según las particularidades de cada participante.

Estamos cercanos a ellos y fomentamos el desarrollo cognitivo, emocional y actitudinal de modo asertivo.

Identificamos algunas frases del coordinador que responden a esto: "No importa si no lo logras, pero sí me importa que lo intentes" o "No me había dado cuenta de lo que dices, dame tiempo para entenderte".

→ BLOQUEAR LA REPETICIÓN Y LO ESPERADO

Alentamos a los participantes a ser honestos con lo que piensan y sienten, despejando las respuestas repetidas, esperadas o con poco fundamento.

En nuestra experiencia, se facilita el vínculo y el estímulo de trabajo.

→ ACOMPAÑAR EMOCIONES

Nos esforzamos por expresar apoyo y respeto por lo que sienten, logrando equilibrio entre ternura y cuidado..., entre confianza y respeto.

Para eso, damos tiempo para transitar emociones incómodas, y alentamos su manejo y superación.

→ HACER PREGUNTAS

La idea es que los dichos o, incluso, las mismas respuestas se transformen en nuevas preguntas.

Promovemos, ante todo, la curiosidad y la acción. La expresión de nuevos interrogantes pueden ser estimulantes para avanzar en la actividad.

→ MONITOREAR

Para lograr un buen trabajo, debemos reforzar nuestra posición de mentor, de guía y sostén para colaborar con lo que los participantes necesiten; para esto, requerimos estar dentro y fuera de la actividad, en acción, listos para lo que sea necesario.

→ ATENDER Y ESCRIBIR LO MENCIONADO

Ejercitar una actitud de valoración pertinente a los comentarios e ideas puede promover la multiplicación de pensamientos; sugerimos escribir las opiniones más relevantes a medida que van surgiendo.

→ MANEJAR EL TIEMPO A LARGO PLAZO

En **CREAmaker**, se valora el proceso, el trabajo y la dedicación; los logros se visualizan en distintos momentos, de diversos modos y de manera personal. Para eso, es necesario alentar la paciencia y el esfuerzo.

→ TRABAJO COLABORATIVO

Tener esta modalidad presente para que, en los momentos oportunos, se favorezca el trabajo en parejas o en equipo.

Ofrece una valiosa oportunidad para ir ejercitando de manera más intensa el desarrollo de las habilidades sociales y emocionales.

Además, hemos visto que es una de las habilidades más demandadas en la vida profesional y laboral.

→ INTERCONECTAR ÁREAS

Presentar las actividades con una mirada más amplia requiere la participación concreta de diferentes áreas y, si se puede, con distintos mentores; esto puede animar a incorporar la complejidad del punto de vista y al abordaje multisensorial; el trabajo no será el mismo si intervienen los docentes de Música, Plástica o Educación Física.

Compartir el trabajo con distintos profesionales compañeros ofrece nuevas miradas y amplía la posibilidad de interactuar y enriquecer la experiencia.

Con mayor frecuencia, integramos las materias especiales a nuestros proyectos, pero también es beneficioso el trabajo compartido con otros profesionales. Por ejemplo, en un desafío **CREAmaker** compartido entre 4 docentes de inglés con estilos personales diferentes, planificaron una misma actividad, basada en la lectura de un cuento, que consistía en la creación de osos. Al escuchar las sugerencias entre todas, diversificaron las intervenciones.

→ INCORPORAR MENSAJES CON IMPACTO EN EL FUTURO

Durante los encuentros, se pueden incluir mensajes que, si bien parecen específicos, pueden influenciar en futuras conductas o actitudes.

Por ejemplo, "Me gusta tu idea pero la quiero ver"; "Los inventos son importantes para uno aunque para otros no lo sean. Lo importante es que resulte importante para uno"; "En un momento no sabías cómo resolverlo, querías dejar todo, pero lo superaste muy bien", o "Si nos organizamos, usamos mejor el tiempo".

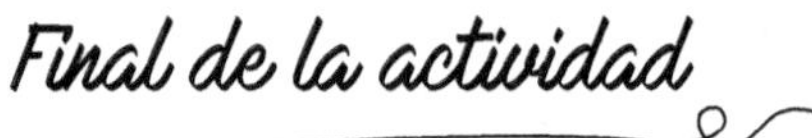

→ REFORZAR LOS LOGROS

Rescatar las conductas que queramos valorar, realizando señalamientos positivos de forma precisa.

Final de la actividad

Una vez transcurrido el tiempo otorgado, se guardan los materiales utilizados, se quitan de la vista, y ofrecemos los materiales finales.

Nuevamente, anunciamos el tiempo que resta para finalizar la actividad: dedicamos entre 8 y 10 minutos, aproximadamente, para realizar los detalles finales.

Una vez transcurrido el tiempo, guardamos los materiales y pedimos colocar las producciones sobre la tela del centro de la sala.

Ordenamos y guardamos.

Una vez bien reorganizado el ambiente general, invitamos a sentarse en ronda para que cada uno, o cada pareja, o cada equipo presenten lo realizado.

Alentamos que este momento sea de real escucha, donde todos puedan exponer, sin interrupciones, ni preguntas, ni comentarios. Puede suceder que los creadores decidan mostrar lo realizado en movimiento.

Al terminar de exponer, se concluye con un aplauso por el trabajo y continúa el siguiente participante. Así, sucesivamente, hasta cerrar la ronda.

Este momento tiene gran valor, ya que permite a los creadores tener su tiempo como protagonistas-creadores-inventores, y reflexionar acerca de su obra.

El momento suele ser acompañado por un clima de apoyo y colaboración. En ocasiones, puede ocurrir que otros participantes tomen ideas para los próximos desafíos y las comenten en voz alta.

Sugerimos que nuestras intervenciones en este momento sean encauzadas para rescatar el trabajo, la idea y, sobre todo, la acción. Dejamos de lado lo estético (¿te gusta o no te gusta?), porque nuestro propósito es jerarquizar y elogiar el "hacer", independientemente de su belleza final.

Ofrecemos la posibilidad de que se lleven lo hecho a su casa, si es posible, en el mismo día o a la brevedad. Si dejamos pasar varios días, el interés y el impacto de haberlo hecho, puede disminuir.

Sugerimos cerrar el encuentro con una "evaluación reflexiva" acerca del trabajo del grupo, elogiando las conductas y acciones positivas para alentar a que se repitan en los próximos encuentros.

Vamos a detenernos en este aspecto: *la evaluación de la actividad en los espacios **CREAmaker.***

En la actualidad, somos muchos los que venimos revisando el modo de evaluar. Apuntamos a alcanzar un proceso metacognitivo y de real retroalimentación.

Para el espacio de **CREAmaker**, pensamos que conviene utilizar diferentes recursos, de modo alternado y no obligatorio; apuntamos a que, con el tiempo y la repetición de estos encuentros, los mismos niños sean los que puedan proponer los recursos para una evaluación formativa; que ellos puedan imaginar, despejar y hacer modos de evaluación.

Entonces, ¿cómo podemos medir el desarrollo de la creatividad en el aula? Rubén Figueiredo, profesor de IAE Business School (Universidad Austral), sostiene que, si el esfuerzo está puesto en presentar miradas alternativas a una pregunta dada, *"un indicador sería la cantidad de variables que puede considerar el participante, y si es capaz de ver desde distintos ángulos el problema con el que se encuentra"*.

Vamos a sugerir algunos recursos que pueden ser útiles para la evaluación del trabajo realizado.

★ *Papeles con frases*

Imprimimos en pequeños papeles frases de uso frecuente entre los participantes, tanto dentro como fuera de la clase. Ejemplos:

- **Excelente trabajo.**
- **Bien hecho.**
- **Te felicito por tu esfuerzo.**
- **Adelante, para la próxima aprendiste algo muy interesante.**
- **Valoro tu dedicación.**
- **Se nota que estudiaste.**
- **Tú y yo sabemos que podrías haberlo hecho mucho mejor.**

La idea sería que, al final, cada uno seleccione la que más indicada para su trabajo.

Una posible variable es ofrecer una hoja en blanco para que ellos mismos identifiquen la frase que más los representa, y así lograr la autoevaluación.

★ *Dibujos estilo automedidores*

Ofrecemos dibujos para que puedan marcar su nivel en el aspecto a evaluar.

Lo harán coloreando. Por ejemplo, la imagen de un tren con cuatro vagones para que coloreen su dedicación, su esfuerzo o el manejo de la nueva información en relación con la longitud del tren. Si se logró en alta proporción, se pintará más.

★ *Frases incompletas*

Damos una frase incompleta para que cada uno finalice la idea desde su punto de vista.

Podemos ofrecer 2 o 3 variantes para que puedan elegir una. En general, se estas se nos van ocurriendo luego del encuentro, ya que queremos profundizar algún tema en relación con lo observado, pero igualmente podemos mencionar algunas a modo de ejemplo.

- **Me costó...**
- **Al principio pensé una cosa, pero después
  cambié de opinión...**
- **Me gusta cuando...**
- **Quiero contar que para mí...**
- **Los de mi alrededor...**
- **Estar en pareja es más fácil...**
- **Aprendí...**

- **Sentí incomodidad...**
- **Sentí distintas cosas. En un momento...; en otro...**

★ *Imágenes de uso diario*

Repartimos logos de uso frecuente por los participantes con el propósito de inspirar su autoevaluación; por ejemplo, una mano del *like* ("me gusta") de Facebook, un pajarito de Twitter, una cámara de Instagram, un globo de conversación de WhatsApp®, un casillero de mail, entre otros. El objetivo es que, respetando ese modelo, escriban una reflexión acerca de lo ocurrido.

★ *Hojas tipo anotador*

Invitamos a los participantes a que escriban apuntes, ideas, pensamientos y emociones.

Para que la propuesta fluya, conviene que los niños estén entrenados en la escritura espontánea.

Si no es el caso, podríamos ofrecerle la estructura para que completen:

- **En un principio...**
- **Después...**
- **Finalmente...**
- **Ahora me siento... porque... aprendí que...**

★ *Letrero*

Invitamos a los participantes a realizar un letrero relacionado con el encuentro.

Podemos modelar esta actividad mostrando otros carteles que sean bien conocidos por ellos, para que identifiquen recursos y estilos de mensajes.

★ *Cuaderno viajero*

Para el grupo, puede resultar interesante contar con un cuaderno de notas de uso común; el que se lo lleve puede destacar algo, resumir y preguntar; lo escrito allí se puede retomar en otro momento o en el próximo encuentro durante el intercambio.

Para cerrar estas actividades modelo, te queremos invitar a realizar un ejercicio **CREAmaker**. Porque en la escuela, como en la vida misma, sólo cuando experimentamos la actividad, podemos transmitir el entusiasmo por ella.

★ *Punto de vista de la paloma*

Sabemos cuánto influye el punto de vista a la hora de tomar cualquier decisión. Por ello, consideramos la realidad desde lo subjetivo, complejo e incierto.

Si tuvieran que observar una ciudad en particular, ¿desde dónde lo harían?

¿Qué ves? ¿Cómo lo ves?

La importancia de la mirada atenta y desprejuiciada es, sin dudas, uno de los pilares de **CREAmaker**, y fomentamos su desarrollo en todos los actores del sistema educativo.

NOS INSPIRARON...

-Víctor García Hoz
-Marina y Marina (2013)
-Rubén Figueiredo

CERRANDO....

Explicada la propuesta en teoría y práctica, llegó el momento de reflexionar en voz alta acerca del valor de **CREAmaker.**

Vamos a repensar los beneficios de la propuesta desde el punto de vista del impacto que genera en los alumnos.

● Despierta la curiosidad antes, durante y después de las propuestas.

● Ejercita habilidades sociales con mucha naturalidad; mientras participan de las actividades, los chicos muestran mejor predisposición para escuchar y aceptar al otro, optimizando sus habilidades.

● Fomenta habilidades de autorregulación de emociones de forma más rápida, ya que los participantes atienden a la actividad de forma consciente (*mindfulness*).

● Influye en los alumnos que están fuera de la actividad, despertando su asombro, admiración e interés.

Al observar la dinámica y las producciones que surgen de las actividades, algunos alumnos se acercan espontáneamente e indagan sobre el trabajo realizado.

● Incorpora temas, inquietudes o recuerdos de forma fluida, ayudando a desarrollar la inteligencia emocional.

Ahora, prestemos atención a las palabras o frases de los alumnos, que nos permiten medir el impacto de la propuesta desde la perspectiva de los protagonistas:

- *"Me doy cuenta de cosas que sé y yo no sabía que podía hacer algo así"*.

- *"Acá me divierto aunque sea difícil"*.

- *"En un momento pensé que no lo iba a poder hacer, no me salía, y después inventé esto"*.

- *"Entre nosotras nos peleamos todo el tiempo, pero acá lo hicimos bien y juntas"*.

- *"No me imaginé que era capaz de hacer algo así"*.

- *"Soy capaz de terminar algo en tiempo"*.

- *"Esto me hace pensar en otras cosas mías"*.

- *"Lo que pasó entre nosotros con este juego es parecido a lo que nos pasa en otros lugares"*.

- *"Así me gusta aprender"*.

- *"Cuando llego a mi casa, le cuento a mis papás todo lo que aprendimos a hacer acá"*.

Ahora, analicemos el impacto de **CREAmaker** en los docentes coordinadores, a partir de frases espontáneas emitidas por ellos al concluir su actividad.

- *"Me imaginaba algunas respuestas pero no tantas. Y algunas me sorprendieron; muy buenas"*.

- *"¡Lo bien que lo pasé!, ¿viste la cara de los chicos?"*.

- *"Ya estoy pensando en la próxima vez"*.

"Me hizo reír…, me hizo entender".

Más allá de lo académico

CREAmaker nos ayuda a vincularnos con nuestros alumnos, a tener una mirada singular, un diálogo cercano y fluido con cada uno de ellos.

Esto afianza la confianza entre el alumno y el coordinador docente; y, cuando se genera ese vínculo, es posible ayudarlos a resolver cuestiones que no tienen que ver con las áreas programáticas, sino con su vida personal, afectiva, social…

Vamos a ejemplificar con casos reales.

Juan (6) estaba preocupado, y la actividad le permitió expresar qué le pasaba, cuál era su angustia y qué lo ponía ansioso.

Le dijo al coordinador:

"Viste que hace dos semanas inventé el poder de mirar el futuro... Es porque mis papás se separaron; ya sé cómo somos como familia hasta ahora, pero no puedo ver qué va a pasar en el futuro, y eso me preocupa mucho".

La coordinadora lo ayudó a tranquilizarse al pensar juntos qué podía pasar. Hablaron acerca de los miedos, que generan sentimientos de angustia por cosas que no pasaron y posiblemente no sucedan nunca.

Justo (8) estaba trabajando para poder terminar sus tareas a tiempo y no llevarse cosas para a la casa para hacerlas allí. Estaba enfocado en superar esa dificultad en el aula.

El docente coordinador los invitó a hacer una actividad **CREAmaker** y logró terminar en tiempo y forma su trabajo, reforzando su autoestima.

"Precisamente cuando me estoy esforzando en trabajar a tiempo, acá logré hacerlo fácil, no sabía que podía lograrlo."

Manuel (7), al terminar la actividad, se paró a observar los productos y dijo en voz alta:

"Es divertido que todos hayan hecho cosas tan buenas, tan distintas y cada uno hizo lo que quiso".

Sin saberlo, destacó y valoró la libertad de expresión.

El comentario de Elena (12) nos indica que la propuesta sirve para adecuar o ajustar el autoconocimiento que permite el desarrollo personal.

Durante una acción que incluía inventar un final diferente para historias conocidas, dijo:

"Yo sabía que era fanática de la matemática, pero ahora me doy cuenta de que esto también es lo mío".

Francisco (11) admitió que la pasó bien trabajando en equipo, en forma colaborativa, pese a que siempre quería trabajar solo, porque no confiaba en el aporte de sus compañeros.

"Yo prefería hacerlo solo, pero es verdad que con otro es mejor para pensar más y otras cosas; antes me gustaba jugar con él, pero no sabía que pensábamos parecido en esto…, no sabía que podíamos pensar juntos".

Otro caso del impacto del trabajo colaborativo surge del testimonio "auto-corrección en vivo" de Josefina (9) al admitir que su compañera tiene razón. *"Quería hacer lo que quería pero tienes razón en lo que dices, me doy cuenta, mejor lo hago de otra manera."*

El interés por hacer actividades en el espacio **CREAmaker** es sorprendente.

Al terminar la actividad, el coordinador suele escuchar frases así:

- *"¿Cuándo nos toca de vuelta?".*

- *"Prefiero quedarme acá, no puedo dejar justo ahora, no importa el recreo".*

- *"Ahora no puedo ir al recreo, estoy con esto".*

No sólo el trabajo no compite con el "recreo", sino que además no quieren faltar a la escuela los días de actividades **CREAmaker**. Es decir, se genera un impacto positivo en el presentismo a partir de la motivación.

Los chicos quieren ir a la escuela si hay espacio para aprender jugando.

Por ejemplo, Isidoro (11), preguntó: *"¿Cuándo vamos a usar lo que trajimos? Decime porque ese día tengo que venir"*.

Para concluir, vamos a comentar algunos desafíos que se nos pueden presentar antes, durante o después de la actividad **CREAmaker**.

Nada grave, pero debemos estar listos para resolverlos con naturalidad y seguir adelante.

● Las propuestas **CREAmaker** pueden recibir críticas de adultos que la consideran "simples", o carentes de valor técnico o estético.

Esta debilidad surge a partir de la estructura de las consignas, que son abiertas.

● Requiere trabajo extra (especialmente al principio) en comparación con lo que hacemos para preparar una clase tradicional.

● Demanda orden antes, durante y después de la actividad; el uso de materiales y las propuestas requieren un manejo práctico de ellos, ya que, si no se presentan de modo adecuado, esto puede perjudicar el encuentro.

● Los espacios *Maker* pueden generar una amplia gama de respuestas por parte de los alumnos.

Hay que estar listo para "esperar lo inesperado": desde una incorrecta interpretación de la actividad hasta situaciones desordenadas por el movimiento de los participantes, el uso del material, y los manejos que aparecen dentro de la clase.

● Pueden aparecer discusiones entre compañeros en el momento final, acerca de quién debería llevarse el objeto realizado.

Algunos participantes pueden sentirse tristes o incómodos por no llevárselo. Es decir, se puede generar cierta frustración en los niños hacer y no poder llevarse el trabajo a casa cuando se trata de un objeto por grupo o pareja.

Pero, como dicen los chinos, crisis es oportunidad: podemos aprovechar el momento para educarlos en efectividad; como, así también, en la habilidad de negociar con el otro a través de la palabra.

ABRIENDO PUERTAS

Nos despedimos con un anhelo: que se entusiasmen con la posibilidad de multiplicar las ideas pedagógicas divertidas, entretenidas, lúdicas...

Con humildad, sentido común, creatividad e inventiva, hay que animarse a darle forma a una propuesta original que se adapte a las particularidades de sus grupos y, a su vez, contemple las demandas de la sociedad del conocimiento.

Todos podemos transformar. Tenemos que animarnos a hacer. Estamos en el lugar correcto y en el momento justo. Nunca es tarde. Es hora de mirar hacia adelante y empezar a hacer algo para que la escuela sea un lugar interesante para aprender.

Juntos podemos aportar ideas que sean superadoras. Entre todos podemos ir acortando esa brecha entre la escuela y la sociedad actual.

Tenemos que asumir el desafío de contagiar las ganas de aprender jugando; si lo intentamos, habremos hecho nuestro pequeño aporte para mejorar la calidad de la educación en nuestro querido país.

Nosotras creemos que es posible, y contamos con ustedes. ¿Lo hacemos?

Milú Christello
Ma. Florencia Conforti